1

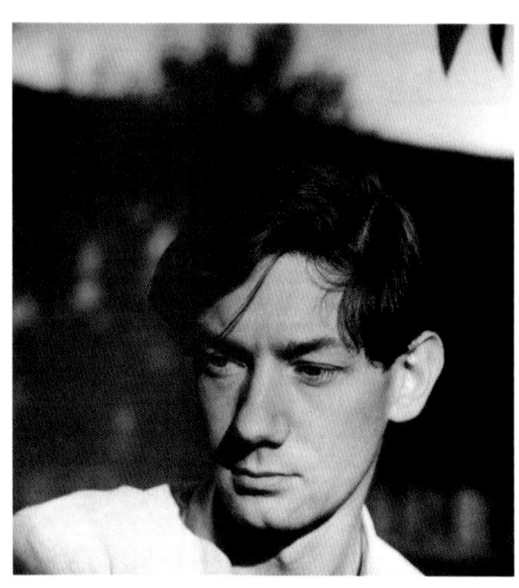

JAROSLAV ANDĚL

Alexandr **Hackenschmied**

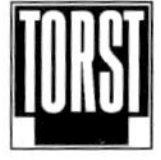

Acknowledgements
The publisher expresses his sincere thanks to the following institutions:
Anthology Film Archives, New York City; České centrum fotografie, Praha;
Kabinet Alexandra Hackenschmieda – Muzeum jihovýchodní Moravy, Zlín; Moravská galerie, Brno;
Uměleckoprůmyslové museum, Praha

and persons:
Michal Bregant, Pavel Dias, Antonín Dufek, Iva Janáková, Jiří Jaskmanický, Václav Jirásek,
Martina Kudláčková, Jan Mlčoch, Josef Moucha

ISBN 80-7215-107-X

Introduction

Alexandr Hackenschmied, born in 1907, was a leading avant-garde photographer and filmmaker in Czechoslovakia between the two world wars. Later, with his wife, Maya Deren, he played a similar role in American avant-garde cinema. Yet his name remains unknown to the general public.

Several circumstances have led to this lack of recognition. Hackenschmied has lived abroad since 1939, and, beginning in 1946, he was no longer known as Hackenschmied, for, after he had been granted American citizenship, he shortened his surname to Hammid. Moreover, save for a few exceptions from between the two world wars, almost nothing of his photography has survived (providing, of course, one does not include photos published in magazines), because his whole archive was lost during World War II. Neither the totalitarian régime of those years nor the one that followed had any understanding for his work. Limited familiarity with Hackenschmied's name is also the result of his specialization in documentary film and also of his extraordinary modesty.

In the art of the twentieth century one finds few artists whose work provided important impulses for both photography and film. True, from the point of view of technology the two fields are closely related; in other respects, however, each is distinguished by its own tradition. The shared basis of film and photography came to the fore only once it had been discovered by the artistic avant-garde in the 1920s.

After World War I, avant-garde artists appropriated photography and film as the media of a new artistic language. A number of painters, such as the American Man Ray (living in Paris), the Hungarian László Moholy-Nagy (working in Germany), and the Russian Alexander Rodchenko, soon began to use the camera more often than the brush.

The Czech avant-garde, particularly the artists' association Devětsil, was from its beginnings part of that international movement, as is evident from its numerous manifestos, photography collages, and screenplays.

The film projects of Devětsil, however, remained solely on paper and, with the exception of the photographer Jaroslav Rössler, the members of Devětsil were concerned more with making collages and photomontages than with taking pictures. The making of films which would implement the program of the avant-garde would have to wait for a new kind of artist who would be versed in both photography and film. In Czechoslovakia, that person was Alexandr Hackenschmied.

The Role of Initiator

In 1930 Hackenschmied created his first film, *Bezúčelná procházka* [Aimless walk], which inaugurated the movement of avant-garde film in Czechoslovakia. That same year he also organized the Exhibition of New Czech Photography in the Aventinská mansarda (a showcase for artists of the Aventinum publishing house, Prague), and the first show of European avant-garde films in the Kotva cinema, also in Prague. He also published a number of articles on photography and film, in which he formulated the new aesthetics of both fields.[1]

Compared to the utopian vision of Devětsil, Hackenschmied's program was concrete and more realistic. It was based on a knowledge of the techniques of photography and cinema, as well as on a certain practical experience with mass media. Hackenschmied contributed photographs to the most renowned Czech illustrated weekly, *Pestrý týden,* and as early as 1928 was working as an art director for the most ambitious Czech director, Gustav Machatý, on the important film *Erotikon.* Two years later he was working on another film by Machatý, *Ze soboty na neděli* [From Saturday to Sunday]. This collaboration resulted in, among other things, the films' innovativephotography manifesting itself in unusual shots, which bear Hackenschmied's trademark.

The filmmaker had grown up in an artistic environment. His mother was an editor for *Pestrý týden,* and the Editor-in-Chief of that journal, a leading Czech aesthetician named Bohumil Markalous (well known to the Czech public as the novelist Jaromír John), was a friend of the family. From his childhood Hackenschmied had been interested in the fine arts and beginning early in a high school in the Prague district of Karlín he was busy taking photographs and going to films by outstanding directors. In 1929 he helped to found the Film-klub, an organization of film critics, and began to write about film for Pestrý týden and, shortly after that, for the daily newspaper *Národní osvobození* and the monthly *Studio* (which was published by the initiator of the Film-klub and owner of Aventinum, Otakar Štorch-Marien).

Frequent visits to the cinema helped Hackenschmied to gain a deeper understanding of the medium. The cinema for him, as for Alfred Hitchcock and, later, Stanley Kubrick, was in fact a film school, a way of making the language of film his own. Apart from a short period of studying architecture and art history, going to the cinema and experimenting with photography represented Hackenschmied's education for his career in cinematography and made possible the surprising maturity and originality of his début, *Bezúčelná procházka*. This film contains numerous parallels with his photographs at the time and anticipates his later work in both media.

Bezúčelná procházka

From the film criticism of those days, it is clear the first experimental films in Czechoslovakia looked to the favorite avant-garde genre of life in the big city. The journal *Studio* reported on the filming of *Bezúčelná procházka* (which had the working title *Na kraji* [On the outskirts]) and on a short work by Otta Rádl called *Filmové anekdoty* [Film anecdotes]. Hackenschmied's film was described as comprising 'ironic documentary scenes' and Rádl's as 'filmic epigrams'. Highlighting the close link between film and photography, *Studio* wrote:

> The street and street life are the subject of these filmic epigrams, *Photographic Anecdotes*, with which České studio and Film-klub have begun their original work in the field of experimental cinematography. With the use of photographic distortion, the diagonal perspective, and new points of view, a new beauty of things is discovered beneath the motifs of the big-city outskirts.[2]

This note makes reference to the ideals of the international movement of the 'New Vision' or the 'New Photography', whose proponents also called it 'modern', 'matter-of-fact', and 'objective'. Hackenschmied's film contains typical elements of the New Photography, for instance unusual angles and points of view, while it reveals yet another element which makes it stand out in its genre.

This element is manifested by the shot of reflected images on the surface of water, which is repeated several times during the film. Together with the world of the outskirts, where a substantial part of *Bezúčelná procház-ka* is set, the motif of reflection recalls the work of Eugène Atget, a photographer discovered by the French Surrealists in the mid-1920s. Direct quotations from Atget's work appear in Hackenschmied's contemporaneous photographs of shabby shops and shop windows, which are among the earliest examples of the reception of Atget's work and anticipate the photographic series by Jindřich Štyrský from the mid-1930s.

Unlike the classic examples of the city genre films, such as Walter Ruttmann's *Berlin: Symphony of a Great City* (1927) or Dziga Vertov's *Man with the Movie Camera* (1929), *Bezúčelná procházka* does not present its theme through the omnipresent eye of the camera. Instead, it concentrates on a single story of everyday life (the aimless walk), seen partly through the eyes of the film's protagonist who travels from the center of town to the outskirts. Thus he becomes a sort of alter-ego of both the author and the viewer, and this shift subverts the ideals of matter-of-factness and objectivity and advances a more subjective and more individual vision.

The shift appears not only in the character of the individual shots, for instance in the movement of the hand-held camera or in the atmosphere of the outskirts, but also in the original narrative structure of the film. The story comprises three different levels – shots that follow the protagonist, views from the protagonist's perspective, and the recurring motif of reflection on the water. The third element disrupts the linear flow of the story; it has no direct time-space connection to the narrative, and therefore asks the audience what the point of the whole story is.

A certain answer is offered (together with further questions) by the concluding part. Here, the protagonist splits into two persons, one of whom returns to the city, while the second remains on the outskirts. This split takes place in two remarkable sequences. In the first, the camera sees the protagonist stand up from his sitting position and leave, and then, in an uninterrupted movement, returns to the starting point, where the same man has continued to sit and watch his double leaving. The latter quickly makes his way to the tram station, where he splits again: he jumps onto the tram and the next shot from the moving wagon shows the same man walking quickly away from the stop. The film ends with the shot of the reflection on the surface of the water.

How is one to understand this shot, and what is the point of the story? Is the motif of reflected images an emblem of splitting, which recurs in the story? Or is it a reference to the discontinuity of time and space as the fundamental element of film language? Is it a reminder of the existence of Nature as the opposite of the city? Is it an expression of the imagination of the elements which competes with the power of technology (represented by the tramway) for the soul of the protagonist? Is it an expression of the imagination or a symbol of the unconscious? Are the reflected image and the motif of the double the embodiment of duality which we find in the world and in ourselves?

It seems that each of these questions advances a hypothesis that could be further developed. The apparently everyday story contains a bundle of meanings open to interpretation. Typically, the film critics of those days were unable to appreciate the originality of *Bezúčelná procházka*, and overlooked the exceptional sequence of the protagonist's splitting in two. Hackenschmied's first work was ahead of its time - it raised questions that would be dealt with only by future generations of filmmakers. Hackenschmied himself drew directly upon this film and, together with Maya Deren thirteen years later, when they developed its basic idea in *Meshes of the Afternoon*, a seminal work of American avant-garde cinema.

Na Pražském hradě

The second film by Hackenschmied was *Na Pražském hradě* [Prague Castle]. Made in 1932, it was a work no less pioneering than his first. Here, too, the filmmaker raised new questions, which he described in the article 'Film a hudba' [Film and music] as follows:

> In collaboration with the composer František Bartoš, I have tried in my experimental film about Prague Castle (now entitled *The Music of Architecture*) to find the relationship between architectonic form and music, between an image and a tone, between the movement of a picture and the movement of music, and between the space of a picture and the space of a tone.[3]

The early 1930s saw the advent of sound in film. This brought about a substantial change in the method of cinematic expression and also a retreat from the purely visual language of silent cinema. It was, however, a development many critics detested. Among them was Hackenschmied, who often wrote about the 'talkies', and pointed out that sound, similarly to image, has a semiotic character, not one of illustration.[4]

Na Pražském hradě is the most abstract of Hackenschmied's films, and it is no wonder that most viewers reacted to it with a lack of understanding. It is not a documentary film about Prague Castle, despite what its title (evidently chosen for commercial reasons) might suggest. It is an experimental work investigating the relationships between sound and image, which, according to its author, are of a formal or syntactic nature and are only secondarily derived from the content or motif.[5] In other words, the relationship between the film and the music is not the relationship between the model and the illustration. Rather, it is the relationship between temporal and spatial structures, which compliment one another and create in the sum of their parts a new configuration – the musical film.

With the help of the composition of individual shots, the movement of the camera, and editing, Hackenschmied formed spatial and temporal relationships and established dialogue with music and its elements, with tone, rhythm, and melody. With their various alternating camera angles and unusual vantage points, particularly the view from above, and the emphasis on geometric composition, some of the shots are reminiscent of the author's photographic studies, particularly his still lifes and advertising photographs, which appeared on the pages of *Pestrý týden*.

The Self-Reflection of the Viewer and the Self-Reflection of the Author

If the leitmotif of Hackenschmied's first work was the reflected image, then in his second film it is mainly the movement of the camera and the geometric grid (most often represented by the pavement of the Third Courtyard of Prague Castle). The grid represents the basic structural element of architecture; it also echoes the frame of the shot, which determines the formal organization of the pictorial space.

These two films reflect psychological and formal concerns that informed Hackenschmied's work. Whereas *Bezúčelná procházka*, whose motif of the reflected image evokes the mirror as the pictorial model with its psychological implications such as narcissism and voyeurism, the film *Na Pražském hradě*, with its motif of the geometric grid, makes reference to another icon - namely, the window as the picture frame that determines the structural or formal elements.

The same reference to the two pictorial models can be found in Hackenschmied's photographic work, in various forms and combinations, which are manifested in the numerous images of the window and the mirror.[6] The grid motif is evident in most photographs inspired by the principles of the new vision, most frequently in his still lifes and photos of architecture, whereas the reflected images, which evoke psychological associations and their pictorial equivalents, appeared in his photographs from Paris and Los Angeles.

Apart from the motif of splitting and doubling, achieved with the help of a mirror, double exposure, or masks, one should mention here also the psychological theme of the spectator, who is embodied in the protagonist of *Bezúčelná procházka*. It is characteristic that the spectator, usually represented by a male figure in the foreground, is often found in Hackenschmied's photographs taken during his travels, for example from his journey to the USA, in 1936, and Paris, in 1938.

The spectator is by definition a stranger and the act of being a spectator presumes the factor of alienation, which is historically connected with the beginnings of modern art and the figure of the *flâneur*, as Walter Benjamin pointed out in his pioneering studies on Paris and Baudelaire.[7] Hackenschmied's spectators are descendents of Baudelaire's *flâneur*, whereas his alienated look anticipates the world of Robert Frank's *Americans*.

Photography and Independent Film

The decisive impetus that inspired Hackenschmied to initiate a new concept of photography and film in Czechoslovakia was provided by the Stuttgart exhibition *Film und Foto*. Hackenschmied and his former schoolmates Ladislav E. Berka and Bedřich Votýpka traveled there to see it, and he was consequently inspired to organize two shows of modern Czech photography and three weeks of avant-garde film in Prague.[8] By producing these group shows Hackenschmied managed to form a common platform, which linked critical, organizational, and creative activity in the two fields.

Hackenschmied pushed for the concept of the 'independent film', which was conceived more broadly than the concept of the film avant-garde, and enabled him to link various previously separate forms of expression into one movement. He formulated his concept in an article-manifesto titled 'Nezávislý film - světové hnutí' [Independent film - a world movement].

> 'Independent film,' Hackenschmied said, 'wants to be one of the ways of expressing the free spirit in all fields whose work had managed to be recorded on film besides those for which film is directly an artistic medium. The concept "independent film" therefore contains much more than the concept "film avant-garde", which has hitherto been known as the youngest and freest branch of film creativity. [...] Why place the attempt at pure art film somewhere other than with the superb science film, the superb travel film, or the superb propaganda film?'[9]

Hackenschmied advanced the same program in photography. This is evident in his selection of work for the New Photography Exhibition, which was held in the Aventinská mansarda. Here, science photographs constituted almost half of the exhibited work, much more than in the Stuttgart exhibition. In connection with the Aventinská mansarda exhibition, there was an attempt to create a group called České studio, which was meant to bring together representatives of 'outstanding people working in modern photography', whose field of operations was meant to be 'both modern photography and, in particular, experimental film'.[10] Though the attempt to create this organization came to naught, the idea of forming similar groups linking photography and film work remained alive throughout the 1930s. The first of them consisted of three friends - Hackenschmied, Berka, and Jiří Lehovec -, and came to be called retrospectively as the Aventinum Trio.[11]

Photographer, Cameraman, and Film-Editor

Making judgements about Hackenschmied's photography is risky, because what remained of his key work from the period between the two world wars represents only a fraction of the total. Hackenschmied tended to underestimate the importance of his work, which means that some of his own claims and opinions about it are not particularly reliable. He maintained, for instance, that he stopped taking photographs as soon as he began as a filmmaker, because photography had been merely a vehicle to pursue his filmmaking career. With a similarly reserved attitude he expressed his views about his important work as a writer and theorist.[12]

Though film was clearly the primary medium of Hackenschmied's artistic work, it does not mean that his activity in the field of photography should be overlooked or that after 1930 it ceased to exist. From even the fraction of his work which survives it is clear that in the late 1920s and throughout the 1930s Hackenschmied created a number of works that deserve the attention of historians of modern photography. This is true also of his photographs from the 1940s, which developed themes from his earlier work on a more personal level.

In the beginning of his career, Hackenschmied associated himself with the program of the new vision, but he soon began to re-evaluate its ideas. His obsession with film provided him with a unique opportunity for this, because the new vision, with its emphasis on the most unusual views and perspectives, was itself influenced by the dynamic nature of the film image. The movement of the motion-picture camera and editing placed the static shot into a field of infinite connections, and created a dynamic conception of space as a set of possible meanings.

The experience of this flexibility of space had a fundamental influence on Hackenschmied's thinking about film and photography. In film it led him to the conclusion that static shots were to be avoided and the work of the cameraman had to be connected with that of the editor.[13] Hackenschmied soon became a master of the new style of the moving camera (usually handheld) and a sophisticated film-editor, as was clear, for instance, from his important part in the making of Karel Plicka's *Zem spieva* [The Earth sings].[14] In the fluidity of film space, created both with the movement of the camera and on the editing table, Hackenschmied was probably unrivalled in the 1930s and 1940s.[15]

In his photographic work this flexibility manifested itself with a psychological understanding of pictorial space, which encouraged the viewer to interpret spatial relations as relations of meaning. An example is Hackenschmied's favorite motif of reflected images, in which the continuity of space is disrupted in a juxtaposition of two different pictorial planes. Another example is the confrontation between foreground and background, which one often finds in his photographs and films, for instance in his self-portrait with a glass (1930), the photo of a man in a hat who is looking at the Eiffel Tower (1938) or in the shot of the protagonist in *Bezúčelná procházka*, who is lying in the foreground and blowing cigarette smoke in the direction of the smoking chimneys on the horizon.

Film Career

Hackenschmied's work in film in the 1930s comprised the widest range of genres (experimental film, feature film, documentaries, and advertisements) and jobs (assistant producer, set designer, cameraman, director, and editor), from independent artist, activist, and organizer to professional filmmaker working for a factory studio.

In 1934 the producer of *Zem spieva*, Ladislav Kolda, enlisted Hackenschmied for the film department of the Baťa shoe factories. A new studio called Filmové ateliéry Baťa, was built as part of Baťa's ancillary plants in Zlín, Moravia, and a team of young, like-minded people working in film was assembled. Apart from the opportunity to be full-time filmmaker, Hackenschmied was probably drawn here also by his ideal of an enlightened film industry that, as he envisaged it in his article from 1930, might in some instances fulfil the principles of independent film.[16]

Here, Hackenschmied collaborated on a number of advertising films with colleagues such as Elmar Klos and the young photographer Jan Lukas. The most interesting and also most successful of them was called *Silnice zpívá* [The highway sings] (1937), an advertisement for tires, which won the Gold Medal at the Paris World Exhibition. A comparison of this film with *Bezúčelná procházka* demonstrates the extent to which the film industry absorbed inspiration from independent work: the tire that sets out into the world and heads towards the customer is personified by a woman's voice and the viewer partly adopts its perspective as his or her own.

Hackenschmied was also part of the team leading the development of the studios, furnishing them, for instance, with the most modern technology of the day. To this end he and his colleagues from the Baťa plant in Zlín, visited the United States of America in 1936. The photos from this journey, whose negatives were recently found, reveal the distance of the critical observer, and in this sense anticipate the later work of Robert Frank.

In 1937 Hackenschmied accompanied Jan Baťa to India, to document the Czechoslovak industrialist's journey. In India and Ceylon he had an opportunity to spend some time alone, to take photographs and do some filming. He was particularly taken with the architecture of seventeenth-century observatories and with the sacred river Ganges, the embodiment of the eternal cycle of dying and rebirth. The material he filmed here was later, in his absence, edited into the films *Chudí lidé* [Poor people], *Řeka života a smrti* [River of life and death], and *Vzpomínka na ráj* [Memories of paradise].

In the spring of 1938, he received an offer from the left-wing American producer Herbert Kline to work as the cameraman on a documentary film about the political situation in the Sudetenland region of Czechoslovakia. During filming, political events in Czechoslovakia had turned into an international conflict, and the film was given the name *Crisis* – in September the Munich Agreement was signed, sealing the fate of the Czechoslovak Republic; at the end of the year Kline had to smuggle the footage out of the country to Paris, where he was joined by Hackenschmied in February.

The photographs he made there include his favorite motifs from the early 1930s (the spectator, the mask, the shop window). However, in their dark tonality, one can feel the anxiety-ridden atmosphere before the outbreak of the Second World War. Similarly, motifs from his previous films and photographs were given a contemporary look in *Crisis* – the shot of the legs of the single pedestrian changed into the shot of the jackboots of the marching Bohemian Nazis led by Konrad Henlein, and the masquerade masks in the shop windows turned into gas masks.

After Hitler's troops occupied Bohemia and Moravia, on 15 March 1939, and after *Crisis* was presented in American cinemas, it was out of the question that Hackenschmied could return home. Instead, he and Kline made a documentary film about the pre-war atmosphere in England, which they called *Lights Out in Europe*. In late 1939 Hackenschmied left for the United States of America in order to edit the film. Consequently, a new stage in his life had begun: with the exception of a short visit to his old country almost half a century later he never returned home.

Maya

The successful presentation of the two documentary films in the USA led to further work with Kline, this time on the film *The Forgotten Village*, based on a screenplay by John Steinbeck and shot in Mexico in 1940. In the early 1940s Hackenschmied was living in Los Angeles, where he looked for work as a cameraman in Hollywood. But, owing to strict trade-union regulations which forbid the employment of non-members, he was unable to find work.

In 1942 he made the acquaintance of an American woman ten years younger than himself. Called Eleanora Deren (originally Derenkowsky), she had a broad range of artistic interests, and, at the time of their meeting, was a member of the Katherine Dunham dance company. For Hackenschmied and Deren it was love at first sight. They soon began to live together and were married three months later.

Photography and film played a key role in their relationship. Eleanora, who till that time had been interested mainly in modern dance and poetry, learned from her new partner how to take photographs and he also introduced her to filmmaking. She was the model for many photographic studies by Hackenschmied, which coupled the artist's formal sophistication with an expression of his affection. The photographer's vision created a new image of the model – the one which Deren herself identified with.

With Eleanora's metamorphosis into Maya (the name given to her by Hackenschmied, which she adopted as her own), photography had taken part in a change of identity. The production of the film *Meshes of the Afternoon* (1943) was the culmination of this transformation, and the film's story a metaphor for it. It was a collaboration, in which the authors exchanged roles with each other and stood in for one another, before the camera and behind it. The photographic and cinematographic images were a medium of their love affair and as such helped to form it; they served simultaneously as instrument, expression, and reflection of the identities of the two partners.[17]

Hackenschmied made many photographs of Maya and exhibited them in his first solo exhibition, which took place in the Pasadena Institute of Art, California.[18] From the traditional point of view Hackenschmied played the role of mentor, while Deren was his Muse. But Deren transformed these customary roles by becoming an artist herself. She was also an unflagging promoter.

Meshes of the Afternoon

Meshes of the Afternoon came to be seen as a groundbreaking work which charted a new course for American avant-garde cinema. In this respect it holds a position in the history of American film similar to that of *Bezúčelná procházka* in Czech cinema. The parallels between these films, however, run deeper - both contain the motif of the mirroring and splitting of the main character and both represent a shift to a subjective vision, evoking the inner world of the dream or imagination.[19]

These characteristics are especially striking in *Meshes of the Afternoon*, whose narrative structure is more complex. The difference reflects the thirteen years that had passed between the making of the two films, as well as the dual authorship of *Meshes*. This work would not have been made without Hackenschmied or without Deren, that is to say, without their different characters, which complemented one another like Yin and Yang - nor without their love for each other. Its making is a rare example of collaboration in which the artists' lives and works overlapped and had a a life-changing impact on each other.

Another result of this collaboration was a group of portraits ('experimental portraiture', in Deren's words), which also employed the motifs of doubling, the reflected image, the figurine, and the dream, and represented a kind of photographic counterpart to *Meshes of the Afternoon*. Although these motifs have been associated with Surrealism, they are not Surrealist.[20] They tend, instead, to herald the work of some artists who adopted Surrealist motifs in an entirely individual way. For instance, the portrait of their close friend Galka Scheyer, a collector and propagator of modern art,[21] and the still life with its motif of the Buddha's hand (taken in Scheyer's house) display a complex pictorial space reminiscent of Josef Sudek's *Labyrinth* series from the 1960s and '70s.

Today one may be surprised to learn that the authorship of *Meshes of the Afternoon* was often attributed mainly to Maya Deren, while Hackenschmied was mentioned, if at all, only as a technical assistant; this is particularly odd, considering that both authors are explicitly mentioned in the film's credits. This misconception is probably the result of two circumstances. First, *Meshes* were often shown with other films made by Deren without Hackenschmied. Second, Deren, supported by Hackenschmied, continued alone in experimental work, whereas Hackenschmied did not.

Conclusion

After the war Hackenschmied worked as a cameraman and director on documentary films made on commission for a wide range of institutions, while Deren was able to concentrate fully on her new artistic career and also devote herself to intensive theoretical and promotional work. The artistic and ultimately also personal paths of both filmmakers diverged, and in 1947 Deren and Hackenschmied divorced.

Nevertheless, even after the divorce their work continued to a certain extent to constitute one story. Deren's activity in experimental film, for which she continued to have Hackenschmied's moral support, is reminiscent of his role as initiator and of his theoretical and organizational work in Prague in the early 1930s. From this perspective Deren's activity in the period after the Second World War constitutes a parallel and a certain continuation of Hackenschmied's earlier endeavors and successes. This is evident from her later films, which reveal a certain debt to *Meshes of the Afternoon,* as well as from her theoretical work, which on some matters makes an appeal to Hackenschmied's authority.[22]

On the other hand, in Hackenschmied's work after the Second World War, a period which lasted for about thirty years, the ethos of independent film lived on. He was the co-author of many important documentary films, and for some of them he received recognition, including an Oscar, the prize of the American Film Academy.[23] Though he no longer devoted himself to

18

purely experimental film after the war, inventiveness continued to mark his film-making, including the use of new technologies in his multi-screen projects and films projected on a giant screen.[24]

In his work, Hammid (as Hackenschmied was called after 1946) continued to link formal interest with emotional content, the self-reflection of the author with the self-reflection of the viewer, which for him had been the main source of inspiration since the beginning of his career. As Hackenschmied himself said in the important article 'Nová technika, nové cíle' [New technology, new aims], defining his mission as a filmmaker, he had tried 'to achieve a unity between the lenses of the camera and the eyes of the viewer' and 'to close the circle of mutual understanding and feeling'.[25]

This unity, rarely present in avant-garde cinema, was something Deren was also clearly aware of, as is evident from a description of Hackenschmied's photographs, which she wrote in one of her letters. Her words eloquently summarize the character his work:

> Because Sasha is a wonderful combination of formalist and humanist tendencies, it gives his work a terrible lyricism. He is incapable of sentimentality because of a terrific sense of form; and he is incapable of formalism because of a profoundly child-like love of things and tenderness.[26]

Endnotes

1   See the list of selected articles by Hackenschmied at the end of this book.

2   *Studio*, 1930-31. Vol. 2, no. 7, pp. 218-219. Rádl did not manage to complete the film. The camera used for filming *Bezúčelná procházka* had been borrowed from Rádl. According to Hackenschmied, Rádl often used his movie camera to take photographs.

3   Alexandr Hackenschmied, 'Film and Music', *Cinema Quarterly*, 1933. No. 1, p. 152; reprinted in *Film Culture*, 1979. Nos. 67-69, p. 238.

4   Alexandr Hackenschmied, 'Stíny, které mluví', *Pestrý týden*, 1929. Vol 4, no. 19, p. 9, and 'Obtíže mluvících filmů', *Pestrý týden*, 1930. Vol. 5, no. 23, p. 4.

5   In the article, cited here, 'Film and Music', Hackenschmied, on the relationship between the film image and music, says: 'But primarily it will always be the formal, syntactic relationship that conditions the cohesion of both constituent parts, the content or motif relation remaining secondary and unnecessary.' Op. cit., p. 241.

6   See photographs nos. 3, 5, 22, 23, 24, 47, 48, 67, 68, 77, 78, 79, 81, 91, 97, and 99, which are published in this volume.

7   Walter Benjamin, 'On Some Motifs in Baudelaire', *Illuminations*, London: Fontana, 1992, pp. 152-96.

8   Alexandr Hackenschmied, 'Fotografie ve Stuttgartě', *Fotografický obzor*, 1929. Vol 37, no. 7, pp. 115-117, and 'Film ve Štutgartu', *Studio*, 1929. Vol. 1, no. 9, pp. 286-287; the context of the exhibitions in the Aventinská mansarda is discussed by Antonín Dufek in his *Aventinské trio*, Brno: Moravská galerie, 1989, pp. 6-10.

9   Alexandr Hackenschmied, 'Nezávislý film - světové hnutí', *Studio*, 1930-31. Vol. 2, no. 3, pp. 70-75.

10   'Fotografie - Česká avantgarda', *Studio*, 1930-31. Vol. 2, no. 7, p. 220.

11   See Jaroslav Anděl, 'Fotografie a filmová avantgarda', *Česká fotografie 1918-1938*, Brno: Moravská galerie, 1981, pp. 104-13.

12   On the basis of Hackenschmied's views this was expressed by Brož in the first monograph about the filmmaker: Jaroslav Brož, *Alexander Hackenschmied*, Prague: Československý filmový ústav, 1973.

13   *The Legend of Maya Deren: Chambers (1942-1947)*, New York: Anthology Film Archives, 1988, p. 114.

14   Hackenschmied had a decisive part in the creation of this work, which is very different from the other films by Plicka. At Hackenschmied's recommendation, Plicka produced a number of shots forming the backbone of the film's narrative structure, for instance, its introductory and concluding sequences.

15   Unlike most cinematographers, Hackenschmied embodied in one person director, cameraman, and film-editor; for other directors, he worked both behind the camera and in the cutting room, and, according to Herbert Kline, his work was admired by renowned film directors, including John Ford and Jean Renoir. See *The Legend of Maya Deren: Chambers (1942-1947)*, p. 25.

16 'Even among the products of the film industry there were films which, for their time, were good in all aspects. The production conditions here probably completely suited the film-maker rather than encumber him'; quoted from Hackenschmied, 'Nezávislý film - světové hnutí', p. 70.

17 The film was interpreted, for instance, as 'the death of her narcissistic youth'; see *The Legend of Maya Deren: Chambers (1942-1947)*, p. 110.

18 *The Legend of Maya Deren: Chambers (1942-1947)*, p. 35.

19 A thorough analysis of the parallels between the two films is presented by Thomas E. Valasek, 'Alexandr Hammid: A Survey of His Film-Making Career', *Film Culture*, 1979. Nos. 67-69, pp. 280-285.

20 *The Legend of Maya Deren: Chambers (1942-1947)*, pp. 101-04.

21 See the catalogue of the exhibition devoted to the work of Galka Scheyer as a collector and promoter of modern art: Vivien Endicott Barnet and Josef Helfenstein (eds.), *Die blaue Vier. Feininger, Javlensky, Kandinsky, Klee in der neuen Welt*, Düsseldorf: Kunstmuseum Bern and Kunstsammlung Nordheim-Westfalen, 1997; See also *The Legend of Maya Deren: Chambers (1942-1947)*, pp. 47-56.

22 Valasek, 'Alexandr Hammid: A Survey of His Film-Making Career', *Film Culture*, 1979. Nos. 67-69, pp. 285-289.

23 The American Film Academy of Arts and Sciences acknowledged co-authors Hackenschmied and Francis Thompson with its prize in 1966 for the film *To Be Alive!*, which was made 1963.

24 The genre of multi-screen films for exhibitions, in which Thompson and Hackenschmied worked in the 1960s, anticipated the video installations of contemporary artists.

25 Alexandr Hackenschmied, 'Nová technika - nové cíle', *Kino*, 1946. No. 22, 23; reprinted in Brož, *Alexander Hackenschmied*, p. 113-119.

26 *The Legend of Maya Deren: Chambers (1942-1947)*, p. 35.

Alexandr Hackenschmied (* 1907) je zakladatelskou osobností dvou oborů české moderní kultury: fotografie a filmu; se svou ženou Mayou Derenovou sehrál později podobnou roli i v hnutí americké filmové avantgardy, a přesto jeho jméno není širší veřejnosti známo.

Tento rozpor je důsledkem několika okolností. Hackenschmied žije od roku 1939 mimo svou domovinu a od roku 1946, kdy získal americké občanství a zkrátil své příjmení na Hammid, má dokonce jiné jméno. Až na několik výjimek se z jeho meziválečného fotografického díla skoro nic nezachovalo (pokud nepočítáme snímky otištěné v časopisech), neboť celý jeho archiv se za války ztratil. Totalitní režimy neměly pro jeho tvorbu pochopení. Omezená známost Hackenschmiedova jména je způsobena též umělcovým zaměřením na avantgardní filmovou a dokumentární tvorbu a v neposlední řadě i jeho výjimečnou skromností.

V umění 20. století se najde jen málo tvůrců, jejichž tvorba přinesla důležité podněty současně pro fotografii i pro film. Z hlediska technologie jsou sice oba obory úzce spřízněné, jinak se však oba vyznačují vlastní svébytnou tradicí. Společný základ filmu a fotografie vystupuje do popředí jen v určitých obdobích, kdy dochází k proměnám základní umělecké orientace, jako tomu bylo ve 20. letech minulého století.

Po první světové válce objevila umělecká avantgarda fotografii a film jako základní prostředky nové umělecké řeči. Řada malířů, například Američan Man Ray žijící v Paříži, Maďar László Moholy-Nagy působící v Německu či Rus Alexandr Rodčenko, začala používat kameru častěji než štětec. Česká umělecká avantgarda, především umělecké sdružení Devětsil, byla od počátku součástí tohoto mezinárodního hnutí, jak dokládají její četné manifesty, fotografické koláže a filmové scénáře.

Filmové projekty Devětsilu ovšem zůstaly jen na papíře a s výjimkou fotografa Jaroslava Rösslera se členové Devětsilu zabývali více vytvářením koláží a fotomontáží než fotografováním. Realizace filmových děl naplňujících avantgardní programy čekala na nový typ umělce, který si osvojí fotografické a filmové postupy. Tím se v Československu stal právě Alexandr Hackenschmied.

Úloha iniciátora

V roce 1930 Hackenschmied vytvořil první programově avantgardní film s názvem Bezúčelná procházka. Ve stejném roce také organizoval výstavu nové české fotografie v Aventinské mansardě a první přehlídku evropských avantgardních filmů v kině Kotva. Současně vedle svých fotografických prací publikoval i řadu statí o fotografii a filmu, v nichž formuloval novou estetiku obou oborů.[1]

Proti utopickým vizím Devětsilu byl Hackenschmiedův program mnohem konkrétnější, neboť se opíral o znalost fotografické a filmové techniky i o určitou praktickou zkušenost s fotografií a filmem jako masovými médii. Hackenschmied přispíval svými snímky do nejznámějšího obrazového časopisu Pestrý týden a již v roce 1928 pracoval jako umělecký poradce pro nejambicióznějšího českého režiséra Gustava Machatého na významném filmu Erotikon a o dva roky později pak i na dalším Machatého filmu Ze soboty na neděli. Výsledkem této spolupráce byla řada neobvyklých a fotograficky originálních záběrů, jež prozrazují Hackenschmiedovo autorství.

Budoucí filmař vyrůstal v kultivovaném prostředí: matka pracovala jako redaktorka Pestrého týdne a rodinným přítelem byl šéfredaktor Pestrého týdne, přední český estetik Bohumil Markalous, široké veřejnosti známý jako spisovatel Jaromír John. Hackenschmied se od dětských let zajímal o výtvarné umění a již za středoškolských studií na karlínské reálce pilně fotografoval a vyhledával filmy pozoruhodných režisérů. V roce 1929 se stal spoluzakladatelem Film-klubu, organizace filmových kritiků, začal psát o filmu do Pestrého týdne a brzy nato do deníku Národní osvobození a měsíčníku Studio, který vydával iniciátor Film-klubu Otakar Štorch-Marien.

Časté navštěvy kina byly pro Hackenschmieda příležitostí k hlubšímu poznání zákonitostí filmového vyjadřování. Kino pro něj bylo, stejně jako pro Alfreda Hitchcocka či později pro Stanley Kubricka, filmovou školou, osvojováním filmového jazyka. Pomineme-li krátké studium architektury a dějin umění, byly návštěvy kina a fotografické experimentování hlavní přípravou k jeho vlastní filmové tvorbě. Jen tak lze vysvětlit skutečnost, že jeho prvotina, Bezúčelná procházka, byla překvapivě vyzrálým a originálním dílem. Tento snímek obsahuje četné paralely s jeho fotografiemi a předznamenává celou jeho pozdější fotografickou a filmovou tvorbu.

Bezúčelná procházka

Dobová kritika dokládá, že první experimentální filmy u nás se hlásily k oblíbenému avantgardnímu žánru o životě velkoměsta. Časopis Studio referoval o natáčení Bezúčelné procházky, nazývané pracovně Na kraji, a snímku Otty Rádla Fotografické anekdoty; Hackenschmiedův film byl charakterizován jako „ironické dokumentární scény" a Rádlův jako filmové epigramy: „Ulice a její život je námětem filmových epigramů Fotografické anekdoty, jimiž zahajuje České Studio spolu s Filmklubem svou původní tvorbu na poli experimentální kinematografie. Využitím fotografického zkreslení, zešikmení a pohledu pod novými zornými úhly je pod nejprostšími motivy velkoměstské periferie objevována nová krása věcí."[2]

Citovaný komentář se odvolává na ideály mezinárodního hnutí takzvané nové fotografie, jejíž příznivci užívali též adjektiv „moderní", „věcná", „objektivní". I když Hackenschmiedova prvotina obsahuje typické prvky nové fotografie, například zmíněné střídání různých pohledů, její celkový charakter prozrazuje již jinou orientaci, jíž se odlišuje od typických filmů o životě velkoměsta.

Tuto odlišnost signalizuje záběr zrcadlení vodní hladiny, který se v průběhu filmu několikrát opakuje. Spolu se světem periferie, v němž se podstatná část Bezúčelné procházky odehrává, připomíná motiv zrcadlení fotografickou tvorbu Eugèna Atgeta, objevenou surrealisty v polovině 20. let. Přímé citace Atgetova díla se objevují v soudobých Hackenschmiedových fotografiích ošumělých obchodů a výkladů, jež jsou jedním z nejranějších příkladů recepce Atgetova díla a předznamenáním fotografických souborů Jindřicha Štyrského z poloviny 30. let.

Na rozdíl od klasických filmů o životě velkoměsta, jakými jsou Ruttmannova Symfonie velkoměsta či Vertovův Muž s kinoaparátem, Bezúčelná procházka nepředvádí život města zaznamenaný všudypřítomným pohledem kamery, ale soustřeďuje se na jeden všední příběh – bezúčelnou procházku, viděnou zčásti očima bezejmenného hrdiny, putujícího ze středu města na periferii. Hrdina se tak stává jakýmsi autorovým a divákovým alter-egem a tento psychologický posun přehodnocuje ideál věcnosti a objektivity v subjektivnější a individuálnější vizi.

Posun se projevuje nejen v charakteru jednotlivých záběrů, například v pohybu ručně držené kamery či v atmosféře periferie evokující Atgetovu tvorbu, ale i v originální narativní struktuře filmu. Příběh tvoří tři různé roviny – sledování hrdiny, pohledy z hrdinovy perspektivy a opakující se záběr zrcadlení vodní hladiny. Třetí prvek přerušuje lineární plynutí příběhu – nemá přímou časoprostorovou návaznost na obě předchozí roviny a klade tak divákovi otázku po smyslu celého vyprávění.

Jistou odpověď – ale také další otázky – nabízí závěrečná část. Hrdina se v ní rozdvojuje na dvě osoby, z nichž jedna se vrací do města a druhá zůstává na periferii. K tomuto rozdvojení dochází ve dvou pozoruhodných sekvencích. V první z nich kamera vidí sedícího hrdinu vstávat a odcházet a pak se v nepřerušeném pohybu vrací do výchozího bodu, kde sedí stále týž muž a dívá se na svého odcházejícího dvojníka. Ten se rychle vzdaluje ke stanici tramvaje, kde znovu dochází k jeho rozdvojení: naskakuje do tramvaje a následující pohled z jedoucího vozu ukazuje téhož muže, jak kráčí pryč ze zastávky. Film končí zmíněným záběrem zrcadlení vodní hladiny.

Jak má být tento záběr chápán a jaký je smysl celého příběhu? Je motiv zrcadlení rétorickou figurou rozdvojení, která se opakuje v rovině příběhu? Nebo je poukazem k diskontinuitě času a prostoru jako k základnímu prvku filmové řeči? Je připomínkou existence přírody jako protipólu městské civilizace? Je projevem imaginace živlů jako prvku, který zápasí o duši hrdiny se světem techniky reprezentovaným tramvají? Je výrazem imaginace, nebo symbolem nevědomí? Jsou zrcadlení a motiv dvojníka zhmotněním duality, kterou nacházíme ve světě i v nás samotných?

Zdá se, že každá z těchto odpovědí představuje hypotézu, kterou by bylo možné dále rozvíjet. Zdánlivě všední příběh obsahuje celé klubko významů, jejichž výklad zůstává otevřený. Je charakteristické, že dobová filmová kritika nedokázala originalitu Bezúčelné procházky ocenit a ponechala výjimečnou sekvenci hrdinova rozdvojení bez povšimnutí. Hackenschmiedova prvotina předešla svou dobu – otevřela problémy, jimiž se soustavně začaly zabývat až další generace filmařů. Sám Hackenschmied na tento film přímo navázal a jeho základní myšlenku dále rozvinul ve spolupráci se svou ženou Mayou Derenovou o třináct let později ve filmu Meshes of the Afternoon (Odpolední osidla), klíčovém díle americké filmové avantgardy.

Na Pražském hradě

Druhý Hackenschmiedův film Na Pražském hradě, který vznikl v roce 1932, byl neméně průkopnickým činem. Také v něm jeho autor otevřel objevným způsobem nové problémy, které sám popsal v článku Film a hudba: „Ve spolupráci se skladatelem Františkem Bartošem jsem se v experimentálním filmu o Pražském hradu (nyní nazvaném Hudba architektury) pokusil najít vztah mezi architektonickou formou a hudbou, mezi obrazem a tónem, obrazovým pohybem a hudebním pohybem, a mezi obrazovým prostorem a tonálním prostorem."[3]

Počátek 30. let byl ve filmu spjat s nástupem zvuku, který přinesl podstatné změny ve způsobu filmového vyjadřování a ústup od čistě vizuální řeči němého filmu. Byl to vývoj, který mnozí kritici považovali za negativní. Patřil k nim i Hackenschmied, který o problémech zvukového filmu často psal a upozorňoval, že zvuk podobně jako obraz má ve filmu znakový, nikoli ilustrativní charakter.[4]

Na Pražském hradě je nejabstraktnější Hackenschmiedův film a není divu, že běžný divák na něj reagoval s nepochopením. Není to dokumentární film o Pražském hradu, jak se zdá naznačovat název, zvolený zřejmě z komerčních důvodů. Je to experimentální práce zkoumající vztahy mezi zvukem a obrazem, které jsou podle jejího autora formální či syntaktické povahy a jen druhotně odvozené od daného obsahu či motivu.[5] Jinými slovy řečeno, vztah obrazu a hudby není vztahem předlohy a ilustrace, ale spíš vztahem časových a prostorových struktur, které se vzájemně doplňují a ve svém úhrnu vytvářejí nový útvar – hudební film.

Pomocí kompozice jednotlivých záběrů, pohybu kamery a střihu Hackenschmied formuje prostorové a časové vztahy a navazuje dialog s hudebním doprovodem a jeho prvky – s tóny, rytmem a melodií. Střídáním různých úhlů pohledu, zejména nadhledu, a zdůrazněním geometrického členění obrazové plochy připomenou některé záběry autorovy fotografické studie, zejména jeho zátiší a aranžované fotografie, které se objevovaly na stránkách Pestrého týdne.

Sebereflexe diváka a sebereflexe tvůrce

Jestliže leitmotivem Hackenschmiedovy prvotiny byl motiv zrcadlení, pak v jeho druhém filmu je hlavním motivem pohyb kamery a pravoúhlá síť (nejčastěji reprezentovaná dlažbou třetího hradního nádvoří). Pravoúhlá síť představuje nejen základní strukturální prvek architektury, ale je též připomínkou pravoúhlého rámce záběru, který determinuje formální organizaci obrazového prostoru.

Zmíněné filmy vymezily póly, mezi nimiž se Hackenschmiedova tvorba bude pohybovat - pól psychologický a pól formální. Zatímco Bezúčelná procházka, která svým motivem optické reflexe evokuje zrcadlo jako model obrazu s jeho psychologickými implikacemi, jako jsou narcismus či voyeurství, pak film Na Pražském hradě a jeho motiv pravoúhlé sítě odkazují k jinému modelu obrazu - k oknu jako obrazovému rámci, který determinuje strukturální či formální elementy.

Tuto dvojí polohu najdeme v různých podobách a kombinacích včetně citace obou výchozích modelů, okna a zrcadla, i v Hackenschmiedově fotografickém díle.[6] Jestliže motiv pravoúhlé sítě je patrný ve většině fotografií inspirovaných principy nové vize, jako jsou ostrost a geometrická kompozice, nejčastěji v jeho zátiších a snímcích architektury, pak motiv zrcadlení navozuje psychologické asociace a jejich ikonografické ekvivalenty.

Vedle motivu zdvojení a podvojnosti, dosaženého pomocí zrcadlení, dvojexpozice či masky, sem patří i psychologické téma diváka, které je čítankovým způsobem ztělesněno v hrdinovi Bezúčelné procházky. Je charakteristické, že diváka, představovaného obvykle mužskou postavou v popředí, najdeme často v Hackenschmiedových fotografiích z cest, například z cesty do USA (1936) či Paříže (1938).

Divák je ve své podstatě cizincem a akt diváctví předpokládá moment odcizení, který je historicky spjat s počátky moderního umění a s postavou flanéra, jak upozornil Walter Benjamin ve svých pronikavých studiích o Paříži a Baudelairovi.[7] Hackenschmiedova postava diváka je potomkem Baudelairova flanéra, jeho odcizený pohled však už anticipuje svět Američanů Roberta Franka.

Fotografie a nezávislý film

Hackenschmied byl u nás iniciátorem nového pojetí fotografie a filmu založeného na úzkém spojení obou oborů. Rozhodující podnět zde poskytla stuttgartská výstava Film und Foto, kterou Hackenschmied navštívil se svými bývalými spolužáky Ladislavem E. Berkou a Bedřichem Votýpkou a jež ho inspirovala k zorganizování dvou přehlídek moderní české fotografie a tří týdnů avantgardního filmu v kině Kotva.[8] Uskutečněním těchto kolektivních vystoupení se Hackenschmiedovi podařilo vytvořit společnou názorovou a organizační platformu, která propojila kritickou, organizační a tvůrčí činnost obou oborů.

Hackenschmied prosazoval koncepci takzvaného nezávislého hnutí, která byla širší než pojem filmové či fotografické avantgardy a umožňovala spojovat v jedno hnutí různé, dosud vzájemně oddělené projevy. Své pojetí formuloval v článku Nezávislý film – světové hnutí, který má charakter manifestu: „Nezávislý film chce býti jedním ze způsobů projevu svobodného ducha, a to ve všech oborech, jichž činnost podaří se filmově zaznamenati vedle těch, jimž může film býti přímo výtvarným materiálem. Tak pojem nezávislého filmu obsahuje mnohem více než pojem filmové avantgardy, jež byla dosud známa jako nejmladší a nejsvobodnější větev filmového tvoření. (...) Proč řaditi pokus o ryzí filmové umění jinam než dokonalý film vědecký, dokonalý filmový cestopis nebo dokonalý film propagační.“[9]

Totožný program uplatňoval Hackenschmied i ve fotografii, jak svědčí jeho výběr prací pro výstavu Nová fotografie v Aventinské mansardě. Vědecké fotografie zde tvořily téměř kolem poloviny vystavených exponátů, tedy mnohem větší část než na stuttgartské výstavě. V návaznosti na výstavu v Aventinské mansardě vznikl pokus vytvořit skupinu České studio, která měla sdružovat zástupce „vynikajících moderních fotografických pracovníků“ a jejímž polem působnosti měla být „jak moderní fotografie, tak zejména experimentální film“.[10]

I když se pokus o vytvoření Českého studia nepodařil, myšlenka podobných seskupení spojujících fotografickou a filmovou činnost zůstala ve 30. letech živá. Jejich nejranějším příkladem byla trojice přátel: Alexandra Hackenschmieda, Ladislava E. Berky a Jiřího Lehovce, která byla později nazvána aventinským triem.[11]

Fotograf, kameraman, střihač

Hodnotit Hackenschmiedovo fotografické dílo je velmi obtížné, neboť to, co se z klíčového meziválečného období zachovalo, představuje jen jeho zlomek. Hackenschmied měl sklon podceňovat význam své práce, a proto některé jeho vlastní výroky a soudy nejsou příliš spolehlivým vodítkem. Tvrdil například, že přestal fotografovat, jakmile začal působit jako filmař, neboť fotografie byla pro něj jen cestou k filmu. S podobně rezervovaným postojem se vyjadřoval i o své důležité publikační a teoretické činnosti.[12]

I když film nesporně představoval primární médium Hackenschmiedovy umělecké tvorby, neznamená to, že jeho činnost na poli fotografie by měla být přehlížena a že po roce 1930 přestala existovat. I ze zachovaného zlomku je zřejmé, že koncem 20. a v průběhu 30. let Hackenschmied vytvořil řadu prací, které mají nezaměnitelné místo v dějinách české moderní fotografie i v mezinárodním kontextu. Totéž platí i o jeho fotografiích ze 40. let, jež rozvíjejí témata jeho dřívější tvorby v osobnější rovině.

Ve svých fotografických počátcích Hackenschmied navázal na myšlenky nové vize, brzy však toto východisko začal přehodnocovat. Jeho posedlost filmem mu k tomu poskytla jedinečnou šanci, neboť nová vize s jejím důrazem na nejrůznější úhly pohledu byla sama ovlivněna dynamikou filmového obrazu. Pohyb filmové kamery a střih staví statický záběr do pole nekonečného množství významů a vytváří dynamické pojetí prostoru jako množiny možných významů.

Tento poznatek ovlivnil zásadním způsobem nejen Hackenschmiedovo filmové myšlení, ale také jeho fotografické vidění. Ve filmu ho vedl k závěru, že je třeba se vyhýbat statickým záběrům a také spojit práci kameramana s prací střihače.[13] Hackenschmied se brzy stal nejen mistrem nového stylu pohyblivé, nejčastěji ručně držené kamery, ale také mistrem střihové skladby, jak ukázal například jeho zásadní podíl na vzniku filmu Karla Plicky Zem spieva.[14] Pokud jde o fluidní podání filmového prostoru, vytvářeného jak pohybem kamery, tak na montážním stole, neměl Hackenschmied ve 30. a 40. letech pravděpodobně konkurenta.[15]

V jeho fotografické tvorbě se toto dynamické pojetí prostoru, zprostředkované kameramanskou a střihačskou zkušeností, projevilo otevřenějším pojetím obrazového prostoru - jeho specifickou ohebností, usnadňující tvůrci i divákovi interpretovat prostorové vztahy jako vztahy významové. Příkladem je Hackenschmiedův oblíbený motiv odlesku, v němž dochází k prolínání obrazových plánů. Jiným příkladem je významová konfrontace popředí a pozadí, kterou najdeme často v jeho fotografiích i filmech – v autoportrétu se skleničkou (1930), ve snímku muže v klobouku hledícího na Eiffelovu věž (1938) či v záběru hrdiny Bezúčelné procházky, který leží v popředí a vyfukuje cigaretový dým ve směru kouřících komínů na obzoru.

Filmová dráha

Hackenschmiedovo působení ve filmu obsáhlo ve 30. letech nejrůznější žánry (film experimentální, hraný, dokumentární, reklamní) a profese (asistent produkce, výtvarník a architekt, kameraman, režisér, střihač), opsalo dráhu od nezávislého tvůrce, aktivisty a organizátora k profesionálnímu filmaři, pracujícímu pro podnikové studio.

V roce 1934 Hackenschmieda získal pro filmové oddělení Baťových závodů Ladislav Kolda, producent filmu Zem spieva. Vznikalo zde nové studio (Filmové ateliéry Baťa, jež byly součástí Baťových pomocných závodů) a tým mladých, podobně smýšlejících filmových pracovníků. Kromě příležitosti soustavné filmařské práce sem Hackenschmieda zřejmě přilákal i jeho ideál osvíceného filmového průmyslu, který se podle jeho představ z citovaného článku z roku 1930 může v některých případech přiblížit principům nezávislého filmu.[16]

Hackenschmied zde spolupracoval se svými kolegy, například s Elmarem Klosem a mladým fotografem Janem Lukasem, na řadě reklamních filmů. Nejzajímavějším a také nejúspěšnějším z nich byla reklama na pneumatiky Silnice zpívá (1937), která obdržela Zlatou medaili na Světové výstavě v Paříži. Srovnání tohoto filmu s Bezúčelnou procházkou ukazuje, nakolik filmový průmysl vstřebal podněty nezávislé tvorby: pneumatika, která se vydává do světa k zákazníkovi, je personifikována jako hrdinka, s jejíž perspektivou se divák částečně identifikuje.

Hackenschmied též přispěl k budování studia, například k jeho vybavení nejmodernější soudobou technikou. Za tímto účelem navštívil se svými zlínskými kolegy v roce 1936 Spojené státy. Snímky z této cesty, jejichž negativy byly nedávno objeveny, prozrazují distanci kritického pozorovatele a v tomto smyslu předjímají pozdější práce Roberta Franka.

V roce 1937 Hackenschmied doprovázel Jana Baťu do Indie, aby dokumentoval jeho cestu. Měl tak v Indii a na Cejlonu příležitost strávit nějaký čas sám a fotografoval a filmoval, co ho zaujalo, například architekturu astronomických observatoří ze 17. století či posvátnou řeku Gangu, ztělesňující věčný koloběh zániku a znovuzrození. Materiál, který zde natočil, byl později po jeho emigraci sestříhán do filmů Chudí lidé, Řeka života a smrti a Vzpomínka na ráj.

Na jaře 1938 získal nabídku amerického filmaře Herberta Klina spolupracovat jako kameraman na dokumentárním filmu o politické situaci v sudetském pohraničí Československa. Během natáčení nabraly politické události rychlý spád a film dostal název Krize - v září byla podepsána Mnichovská dohoda, jež zpečetila osud republiky, a koncem roku už musel Kline převézt natočený materiál potají do Paříže, kam ho v únoru 1939 následoval i Hackenschmied.

Fotografie, které zde vytvořil, obsahují jeho oblíbené motivy z počátku 30. let (motiv diváka, masky, výkladní skříně). V jejich temné tonalitě však lze vytušit předválečnou atmosféru. Motivy z předchozích filmů a fotografií pak dostaly aktuální podobu - záběr nohou individuálního chodce se proměnil v holínky pochodujících henleinovců a maškarní masky ve výkladech nahradily masky plynové.

Po obsazení Prahy nacisty 15. března 1939 a uvedení filmu Krize v amerických kinech nebylo na návrat do Prahy ani pomyšlení. Místo toho Hackenschmied natočil s Klinem dokumentární film o předválečné atmosféře v Anglii s názvem Světla zhasínají v Evropě (Lights Out in Europe). Koncem roku 1939 odjel do USA film sestříhat. Tím začala nová etapa jeho života: do staré vlasti se vrátil na krátkou návštěvu až téměř za celé půlstoletí.

Maya

Úspěšné uvedení obou dokumentů ve Spojených státech vedlo k další spolupráci s Klinem. V roce 1940 natočili v Mexiku podle scénáře Johna Steinbecka film Zapomenutá vesnice. Začátkem 40. let Hackenschmied pobýval v Los Angeles a pokoušel se jako kameraman najít uplatnění v Hollywoodu, ale pro striktní pracovní předpisy, které dovolovaly práci jen členům odborového svazu, se mu to nepodařilo.

V roce 1942 se seznámil s Eleanorou Derenovou (Derenkowsky), o deset let mladší Američankou ruského původu s uměleckými zájmy o poezii a tanec, která v té době pracovala pro taneční skupinu Catherine Dunhamové. Pro oba to byla láska na první pohled – brzy spolu začali žít a po třech měsících uzavřeli sňatek.

Fotografie a film hrály v jejich vztahu klíčovou úlohu. Eleanor, jež se do té doby zajímala především o moderní tanec a poezii, se učila od svého nového partnera fotografovat a jeho prostřednictvím se blíže seznámila s filmem. Stala se modelem četných Hackenschmiedových fotografických studií, které spojovaly autorovu formální vytříbenost s výrazem jeho milostného citu. Fotografova vize spoluvytvářela novou podobu modelky, s níž se ona sama identifikovala.

Fotografování se tak podílelo na procesu proměny identity – proměny Eleanory v Mayu (toto jméno dal své partnerce Hackenschmied a ta ho přijala za své). Realizace filmu Meshes of the Afternoon, který vznikl na jaře 1943, byl dovršením a jeho příběh metaforou této proměny. Byl společným dílem, v němž se role autorů střídaly a doplňovaly před kamerou i za kamerou. Fotografické a filmové obrazy byly prostředkem jejich milostného vztahu a jako takové ho formovaly. Sloužily současně jako nástroj a výraz identity obou partnerů.[17]

Hackenschmied vytvořil mnoho portrétů Derenové a řadu z nich představil na své první výstavě v Pasadena Institute of Art.[18] Z tradičního pohledu byla Derenová jeho Múzou a on jejím mentorem a zasvětitelem. Derenová však tyto obvyklé role proměnila tím, že se sama stala umělkyní. Byla také neúnavným propagátorem.

Meshes of the Afternoon

Dílo Meshes of the Afternoon se stalo iniciačním činem, který historici staví na počátek nové orientace americké filmové avantgardy. V tomto smyslu má v dějinách americké kinematografie podobné postavení jako Bezúčelná procházka v dějinách kinematografie české. Jak již bylo naznačeno, paralely mezi těmito filmy jsou mnohem hlubší – oba obsahují motiv zrcadlení a rozdvojení hlavní postavy, oba představují posun k subjektivní vizi, přibližující se snění či imaginaci.[19]

V Meshes of the Afternoon jsou ovšem tyto charakteristiky výraznější a celková narativní struktura složitější. Důvodem není jen rozdíl třinácti let v době vzniku obou filmů, ale také dvojjediné autorství druhého z nich. Toto dílo by nevzniklo bez Derenové či bez Hackenschmieda, bez jejich odlišných a jako jin a jang se doplňujících charakterů - bez jejich milostného vztahu. Jeho vznik je vzácným případem spolupráce, v níž se život a tvorba vzájemně prolnuly a osudově ovlivnily.

Výsledkem této spolupráce byl i soubor portrétních fotografií (experimentálních portrétů, jak je nazvala Derenová), využívajících motivů zdvojení, zrcadlení, figuríny a snu a představujících jakýsi fotografický pendant k Meshes of the Afternoon. Přestože tyto fotografie i film sdílejí zmíněné motivy se surrealismem, nelze je nazvat surrealistickými.[20] Připomínají spíše pozdější tvorbu některých autorů interpretujících surrealistické motivy zcela individuálním způsobem. Například portrét Galky Scheyerové, blízké přítelkyně, sběratelky a propagátorky moderního umění, se vyznačuje komplikovaným obrazovým prostorem, v němž se zrcadlí podoby všech tří přátel - Scheyerové, Derenové a Hackenschmieda.[21] Tato fotografie, podobně jako zátiší u Scheyerové s motivem Buddhovy ruky, připomíná Sudkovu sérii Labyrinty ze 60. a 70. let.

S odstupem času může překvapit, že autorství Meshes of the Afternoon bylo dlouho spojováno převážně jen s jménem Mayi Derenové a Hackenschmied byl uváděn, pokud vůbec, jen jako technický asistent (tím spíš, že v úvodních titulcích jsou výslovně jmenováni oba jako autoři). Přispěla k tomu nejen Hackenschmiedova introvertní povaha, kontrastující s extrovertností Derenové, ale také skutečnost, že po tomto společném díle, když se usadili v New Yorku, již nevystupovali jako autorská dvojice. Derenová, podporovaná Hackenschmiedem, sama pokračovala v experimentální filmové tvorbě. On sám přijal nabídnuté trvalé zaměstnání u vládního Úřadu pro válečné informace, pro nějž natáčel propagační snímky o Americe.

Závěrem

Hackenschmied po válce působil jako kameraman i režisér dokumentárních filmů vzniklých převážně na zakázku nejrůznějších institucí, zatímco Derenová se plně soustředila na svou novou tvůrčí dráhu a věnovala se intenzivní teoretické a propagační činnosti. Tvůrčí a posléze i osobní cesty obou filmařů se tak rozešly – v roce 1947 se Derenová a Hackenschmied rozvedli.

Přesto i po tomto rozchodu představovala jejich tvorba jistý společný příběh. Činnost Derenové v oblasti experimentálního filmu nepřestala mít Hackenschmiedovu morální podporu a připomíná jeho roli iniciátora a jeho teoretické a organizační působení na počátku 30. let v Praze. Z tohoto pohledu je činnost Derenové v poválečném období paralelou i určitým pokračováním dřívějších Hackenschmiedových snah a úspěchů. Dokládají to její pozdější filmy, prozrazující jistou závislost na Meshes of the Afternoon, i její teoretické práce, které se v některých otázkách dovolávají Hackenschmiedovy autority.[22]

Podobně v Hackenschmiedově poválečném působení, jež trvalo další tři desetiletí, žil dál étos nezávislého filmu. Byl spoluautorem řady významných dokumentárních snímků, dostalo se mu i oficiálních uznání včetně Oscara, ceny Americké filmové akademie.[23] I když se čistě experimentálnímu filmu po válce již nevěnoval, rozvíjel ve své práci filmovou vynalézavost a inteligenci, které se projevily i v použití nových technik, například v řadě multiprojekčních filmů či filmů natáčených speciální technikou IMAX a promítaných na velkoplošné plátno.[24]

Hammid (jak se Hackenschmied už v té době jmenoval) ve své tvorbě nadále spojoval formální zájem s emocionálním obsahem, sebereflexi tvůrce se sebereflexí diváka, které pro něj představovaly od počátku jeho umělecké dráhy hlavní zdroje inspirace. Řečeno jeho vlastními slovy, jimiž definoval poslání filmaře v důležitém článku Nová technika, nové cíle, snažil se, aby „dosáhl jednoty mezi čočkami kamery a zrakem diváka“ a „uzavřel kruh vzájemného dorozumění rozumu a citu“.[25]

Tuto jednotu, jíž se filmové avantgardě často nedostávalo, si jasně uvědomovala i Derenová. Jeden z jejích dopisů obsahuje charakteristiku Hackenschmiedových fotografií, která může sloužit jako motto celého jeho díla: „To, že Saša je nádhernou kombinací formálních a humanistických sklonů, dodává jeho dílu ohromný lyrismus. Pro svůj fantastický smysl pro formu není schopen sentimentality a pro svou jakoby dětskou lásku a něhu není schopen formalismu.“[26]

Poznámky

1 Srov. soupis vybraných Hackenschmiedových vlastních textů v závěru této knihy.

2 *Studio* 2, 1930-31, č. 7, s. 218-219. Rádlovi se nepodařilo film dokončit. Kameru, kterou byla natočena Bezúčelná procházka, si její autor vypůjčil od Rádla. Dle Hackenschmiedova sdělení Rádl svou kameru často používal jako fotoaparát na snímání jednotlivých políček.

3 Film and Music, *Cinema Quarterly* (Edinburgh), 1933, č. 1, s. 152. Přetištěno ve *Film Culture*, 1979, č. 67-68-69, s. 238.

4 Stíny, které mluví, *Pestrý týden* 4, 1929, č. 19, s. 9; Obtíže mluvících filmů, *Pestrý týden* 5, 1930, č. 23, s. 4.

5 V citovaném článku Film and Music Hackenschmied říká o vztahu filmového obrazu a hudby doslova: „Ale primárně to bude vždy formální, syntaktický vztah, který bude podmiňovat soudržnost obou složek, zatímco obsahový, motivový vztah zůstane druhotný a nikoli nutný." Op. cit., s. 241.

6 Srov. fotografie č. 3, 5, 22, 23, 24, 47, 48, 67, 68, 77, 78, 79, 81, 91, 97, 99.

7 Walter Benjamin: Paříž, hlavní město devatenáctého století; O některých motivech u Baudelaira, *Dílo a jeho zdroj*, Praha, Odeon 1979, s. 67-78, 81-112.

8 Fotografie ve Stuttgartě, *Fotografický obzor* 37, 1929, č. 7, s. 115-117; Film ve Štutgartu, *Studio* 1, 1929, č. 9, s. 286-287. O dobových souvislostech výstav v Aventinské mansardě píše Antonín Dufek: *Aventinské trio*, Brno, Moravská galerie 1989, s. 6-10.

9 Nezávislý film - světové hnutí, *Studio* 2, 1930-31, č. 3, s. 70-75.

10 Fotografie - Česká avantgarda, *Studio* 2, 1930-31, č. 7, s. 220.

11 Srov. Jaroslav Anděl: Fotografie a filmová avantgarda, *Česká fotografie 1918-1938*, Brno, Moravská galerie 1981, s. 104-113.

12 Na základě vlastních umělcových výroků a informací toto tvrzení vyjádřil Jaroslav Brož v první monografické práci o Hackenschmiedovi, kterou v roce 1973 vydal v Praze Československý filmový ústav.

13 Srov. *The Legend of Maya Deren: Chambers (1942-1947)*, New York, Anthology Film Archives 1988, s. 114.

14 Hackenschmied měl rozhodující podíl na celkové podobě filmu, která je velmi odlišná od předešlých Plickových snímků. Na Hackenschmiedovo doporučení natočil Plicka řadu záběrů, které tvoří páteř narativní struktury, například úvodní a závěrečné sekvence.

15 Hackenschmiedova jedinečnost tkví v tom, že jako filmař - na rozdíl od zavedené praxe - ve své osobě spojoval režiséra, kameramana a střihače (pro jiné režiséry pracoval současně za kamerou a za střihacím stolem). Podle svědectví Herberta Klina jeho práci obdivovali i slavní filmoví tvůrci, například John Ford a Jean Renoir. Srov. *The Legend of Maya Deren: Chambers (1942-1947)*, s. 25.

16 „I mezi výrobky filmového průmyslu vyskytly se již všestranně (na svou dobu) dobré filmy. Tu asi výrobní podmínky úplně vyhovovaly tvůrci a nijak jej netísnily." (in: Nezávislý film - světové hnutí - viz pozn. 9)

17 Film byl interpretován například jako „smrt jejího narcisistního mládí". Srov. *The Legend of Maya Deren: Chambers (1942-1947)*, s. 110.

18   Srov. *The Legend of Maya Deren: Chambers (1942-1947)*, s. 35.

19   Zevrubný rozbor paralel mezi oběma filmy podal Thomas E. Valasek ve své monografické
     práci Alexander Hammid: A Survey of His Film-Making Career, *Film Culture*, 1979,
     č. 67-68-69, s. 280-285.

20   Srov. *The Legend of Maya Deren: Chambers (1942-1947)*, s. 101-104.

21   Srov. katalog výstavy věnované propagační a sběratelské činnosti Galky Scheyerové,
     který vyšel pod názvem *Die blaue Vier. Feininger, Javlensky, Kandinsky, Klee in der neuen Welt*.
     Ed. Vivien Endicott Barnet & Josef Helfenstein, Düsseldorf, Kunstmuseum Bern und
     Kunstsammlung Nordheim-Westfalen 1997. Srov. též *The Legend of Maya Deren: Chambers
     (1942-1947)*, s. 47-56.

22   Srov. Valasek (viz pozn. 19), s. 285-289.

23   Hackenschmied spolu s Francisem Thompsonem získal cenu Americké filmové akademie
     věd a umění v roce 1966 za film To Be Alive! (Žít!) z roku 1963.

24   Výstavní multiprojekční filmy, jimiž se Thompson a Hackenschmied zabývali v 60. letech,
     patří k žánru, který v mnohém předjímal videoinstalace.

25   Nové cíle - nová technika, *Kino* 1, 1946, č. 22 a č. 23. Přetištěno in: Jaroslav Brož:
     Alexander Hackenschmied, Praha, Československý filmový ústav 1973, s. 113-119.

26   *The Legend of Maya Deren: Chambers (1942-1947)*, s. 35.

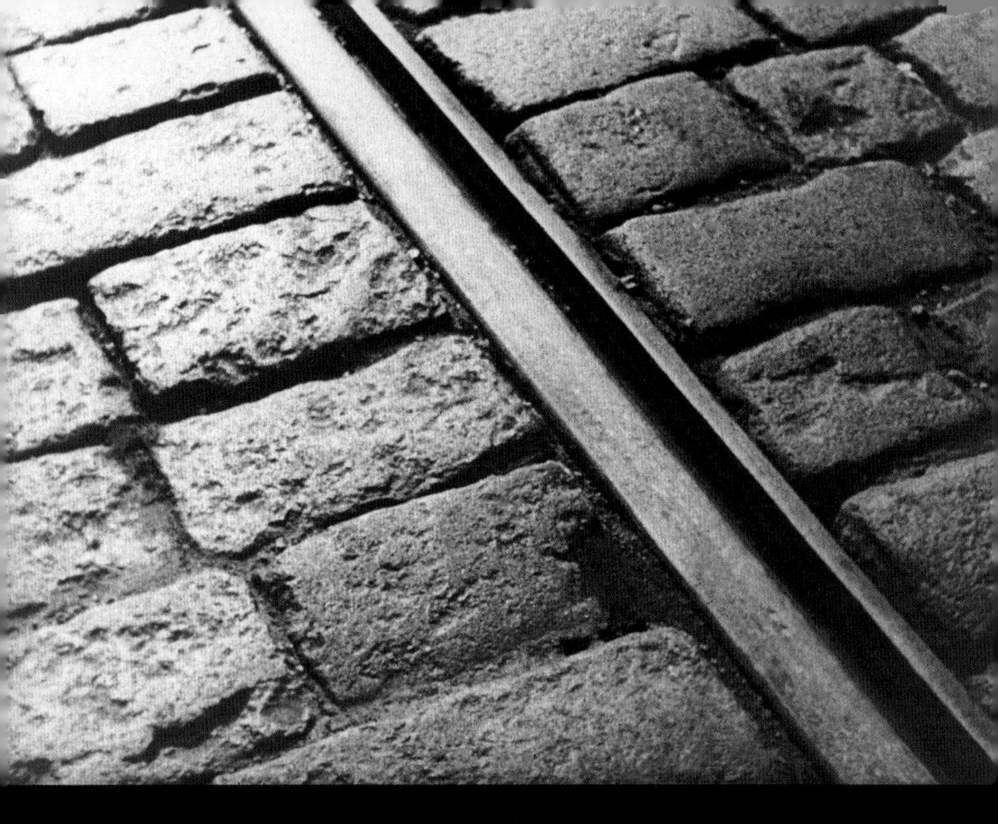

3 Aimless Walk / Bezúčelná procházka 1930

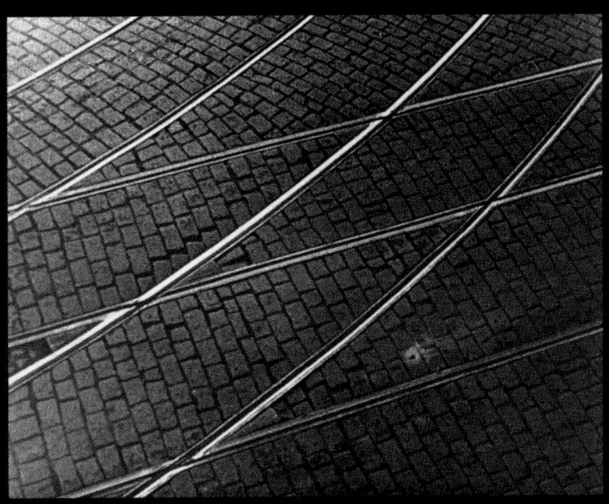

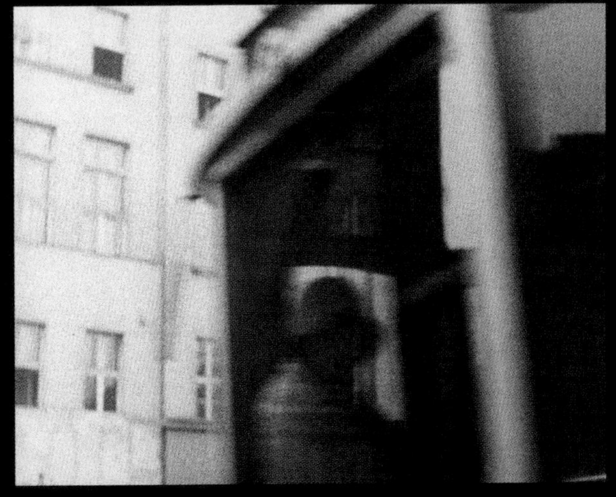

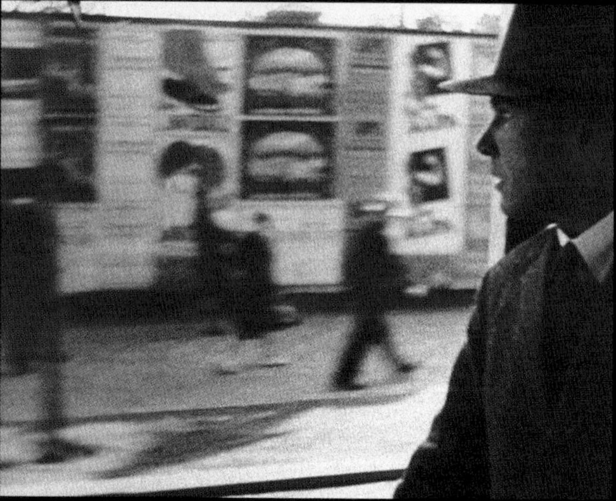

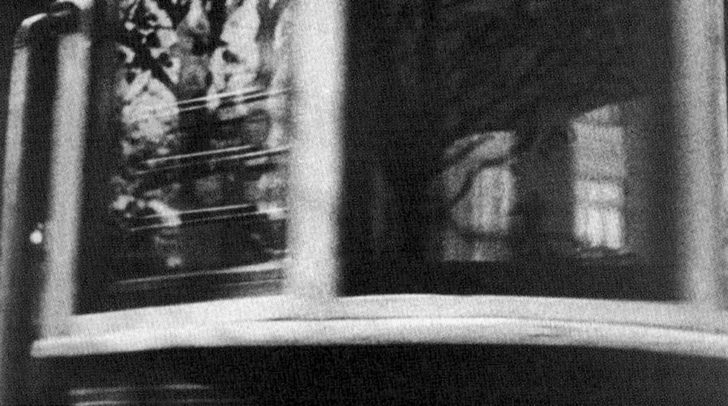

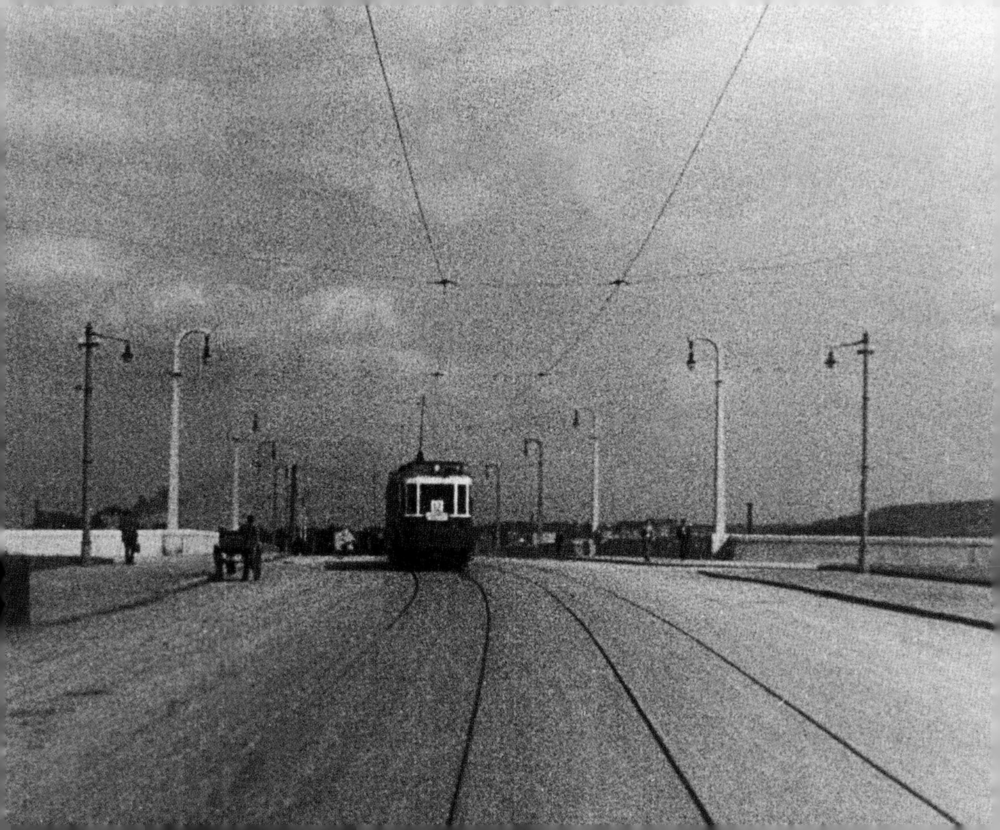

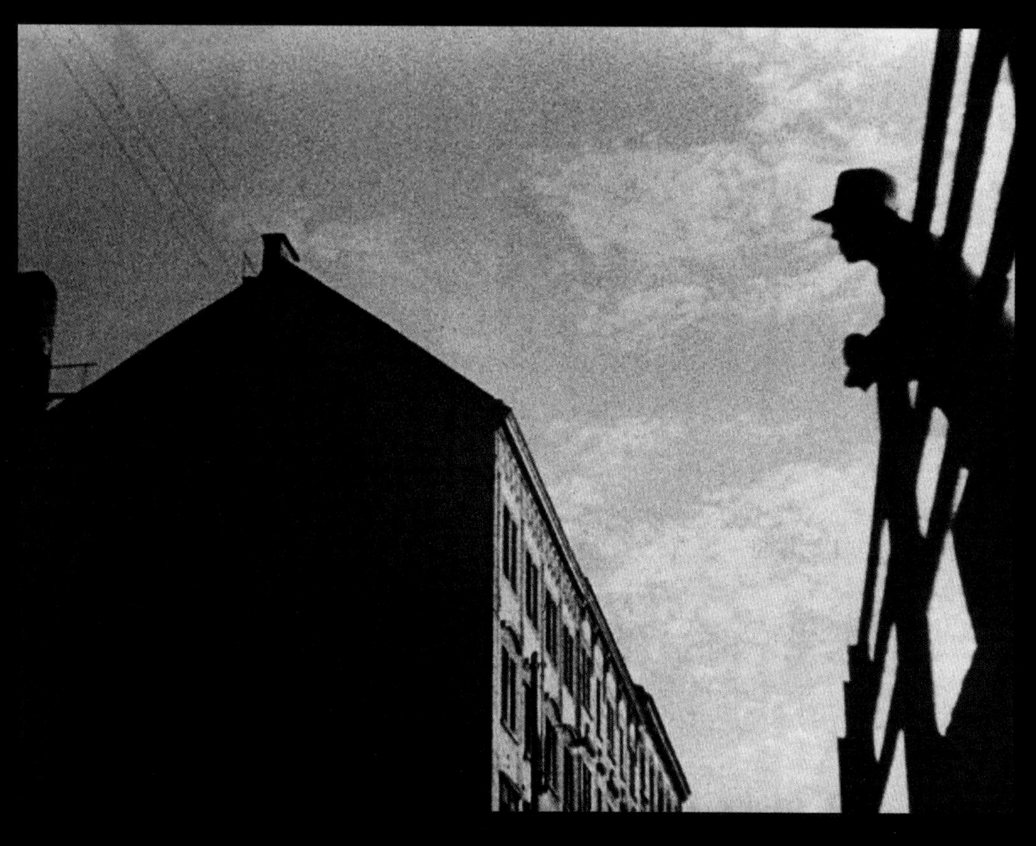

7–9 **Aimless Walk / Bezúčelná procházka** 1930

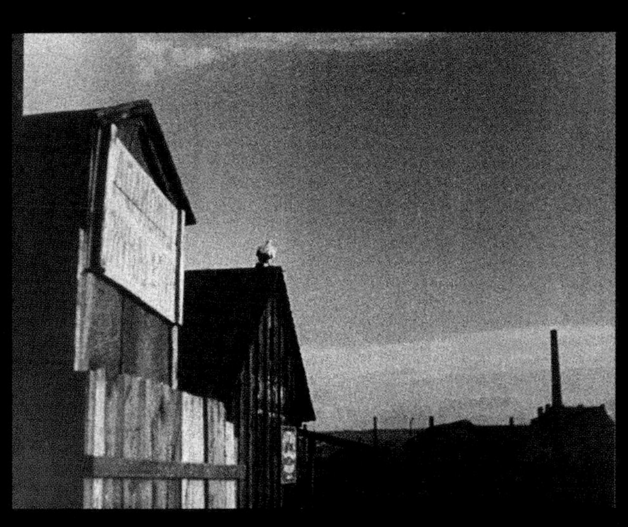

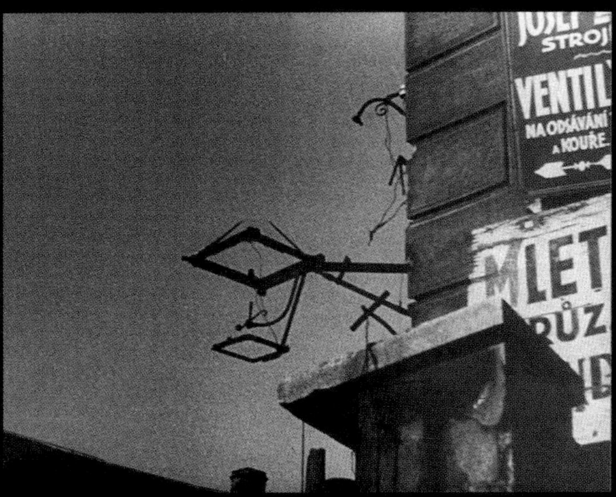
JOSEF
STROJ
VENTIL
NA ODSÁVÁNÍ
A KOUŘE.
MLET
RŮŽ

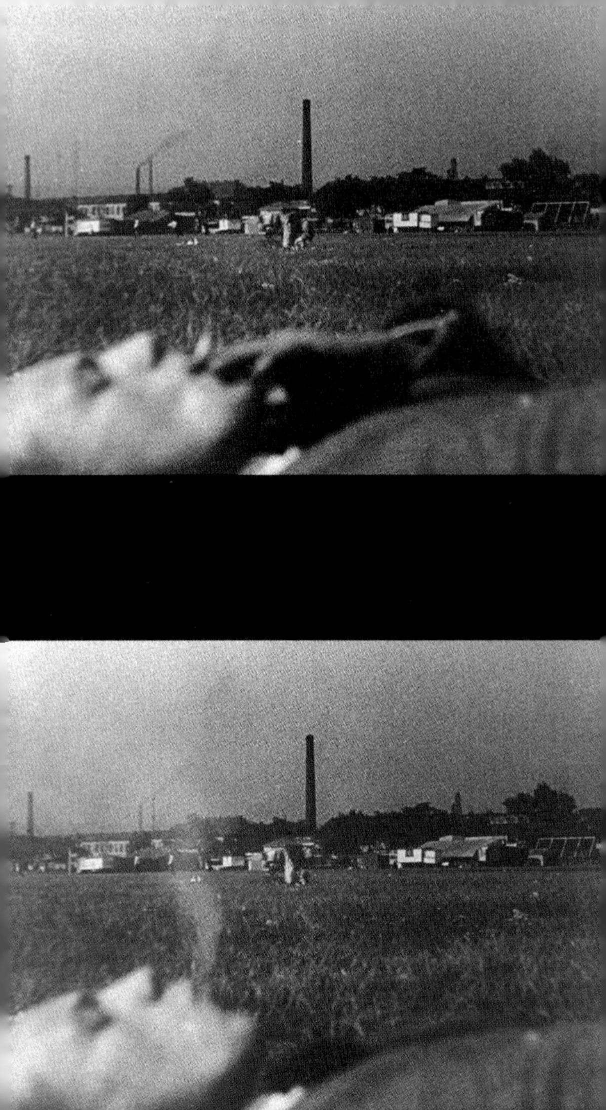

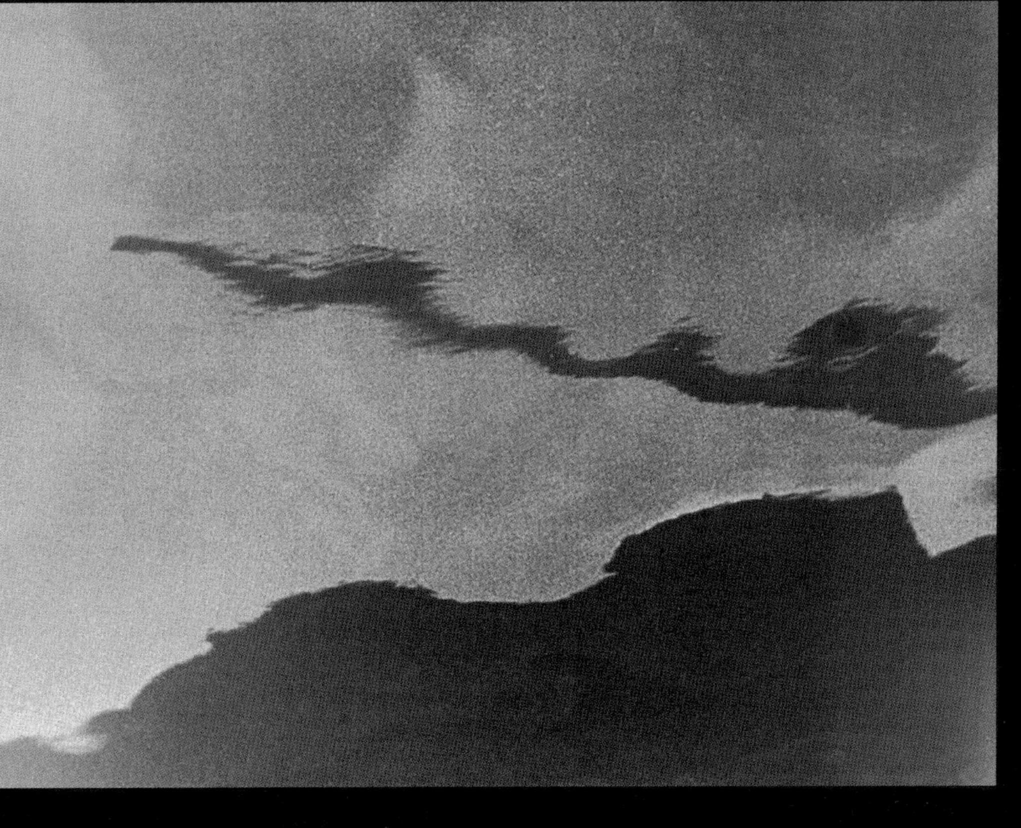

10–12 **Aimless Walk / Bezúčelná procházka** 1930

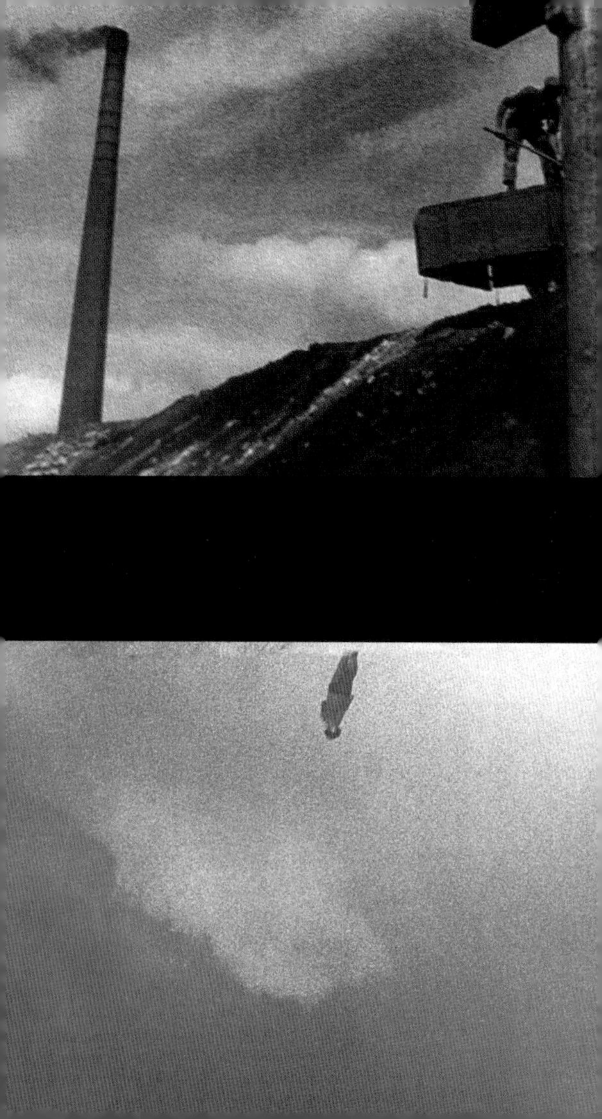

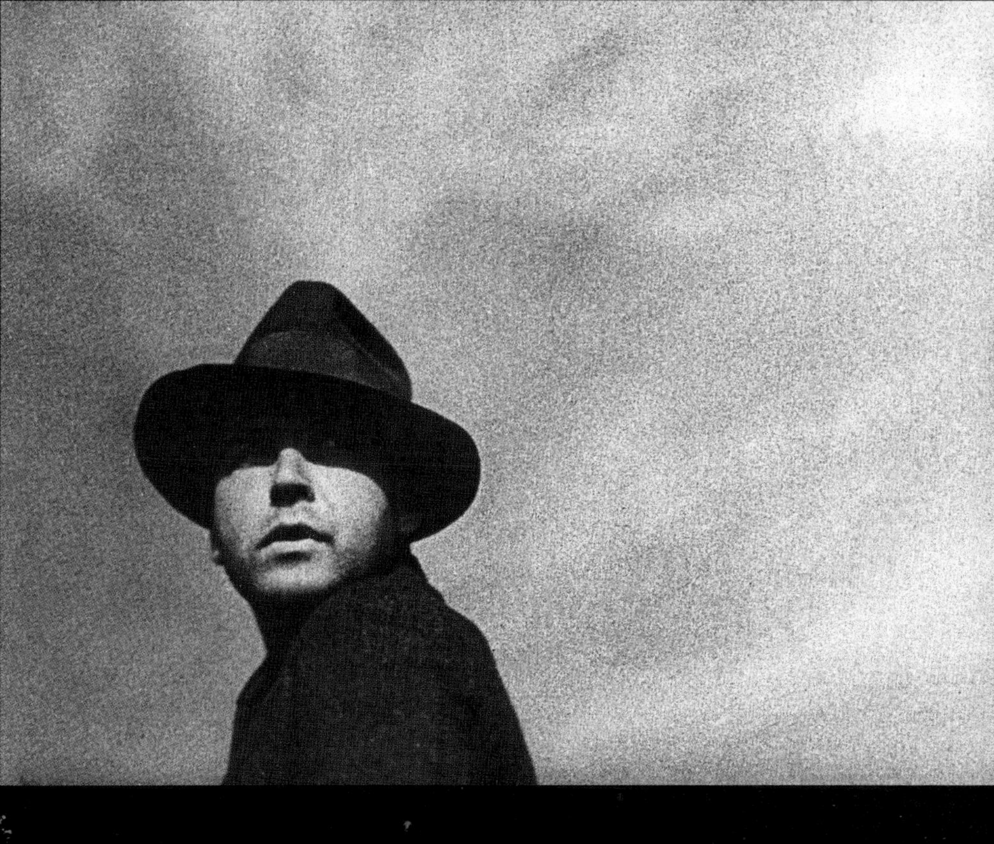

13–15 **Aimless Walk / Bezúčelná procházka** 1930

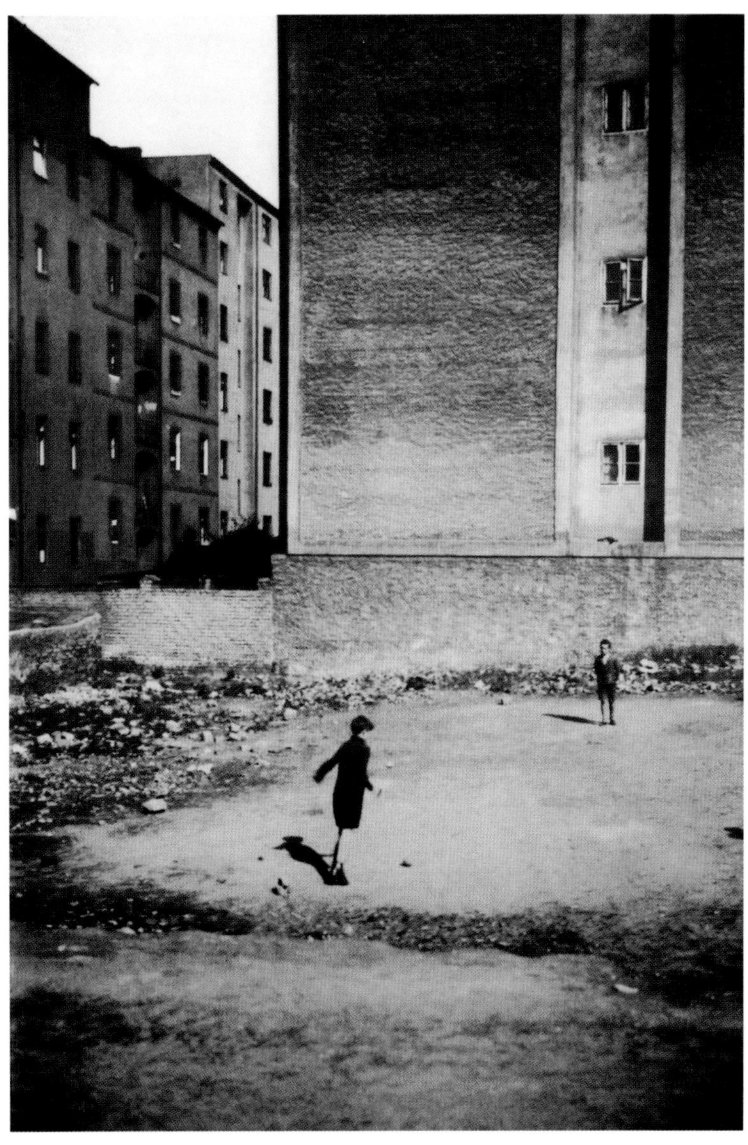

16 **Praha** c. 1928

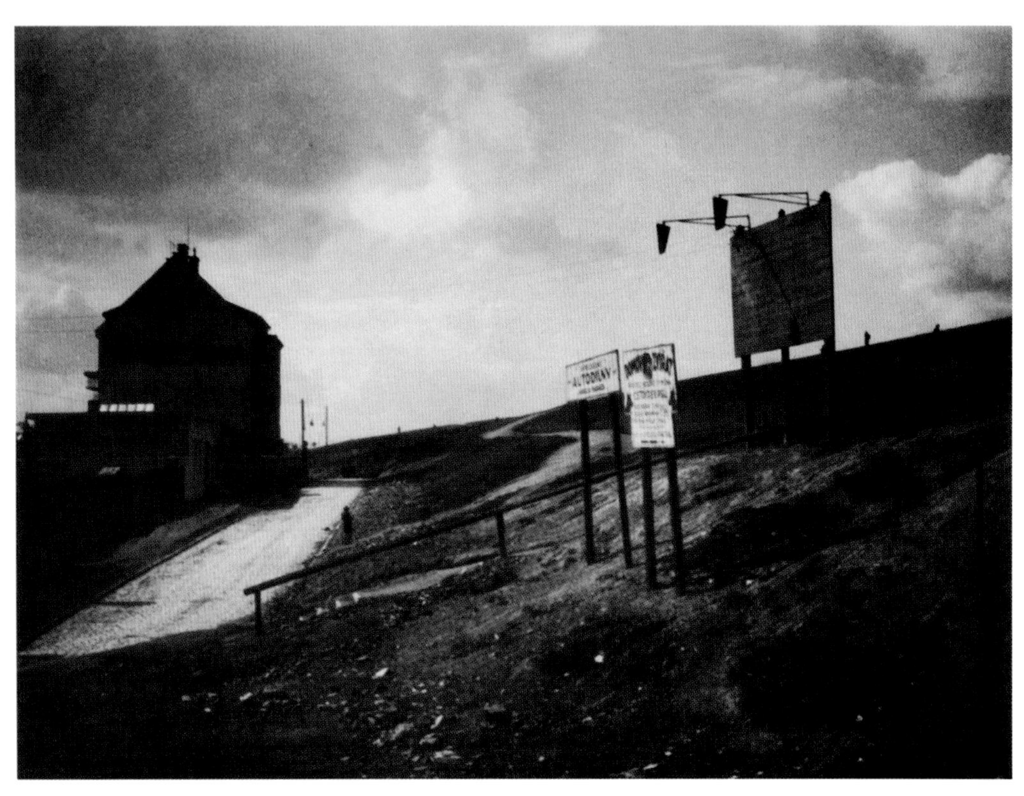

17 **Praha** c. 1929

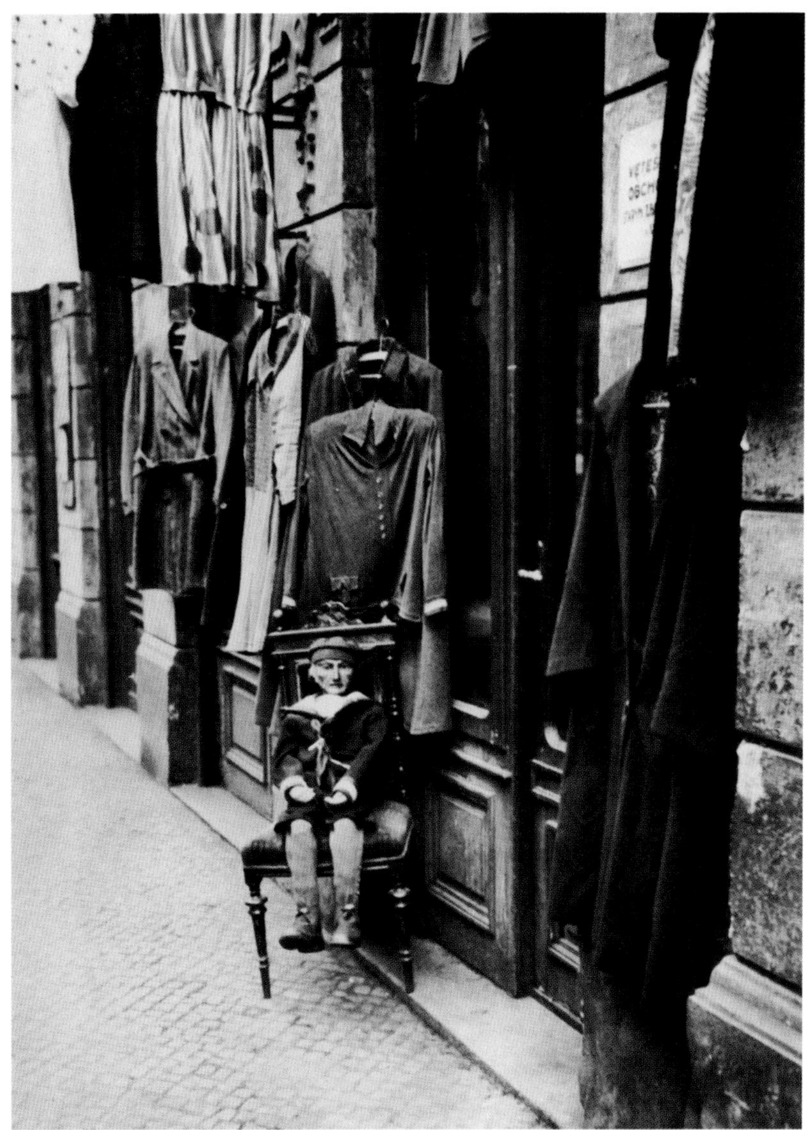

18 **Praha** c.1929

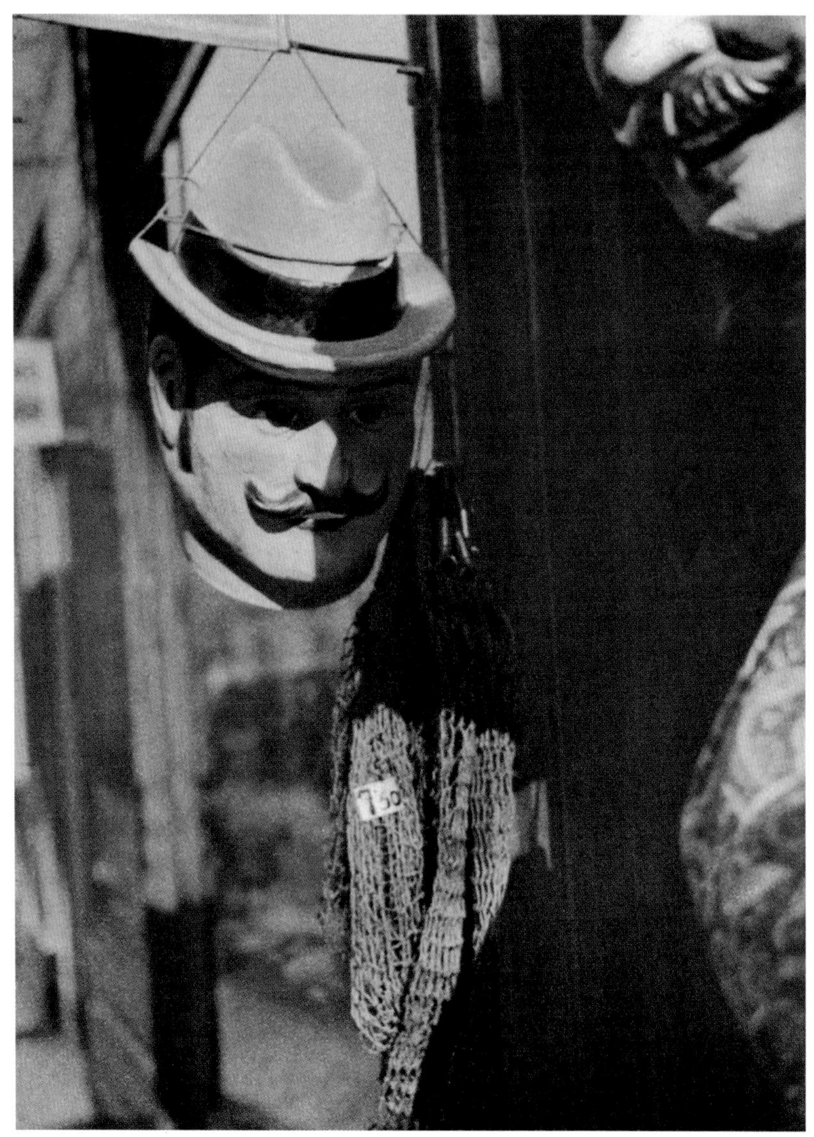

19 **Praha** c. 1929

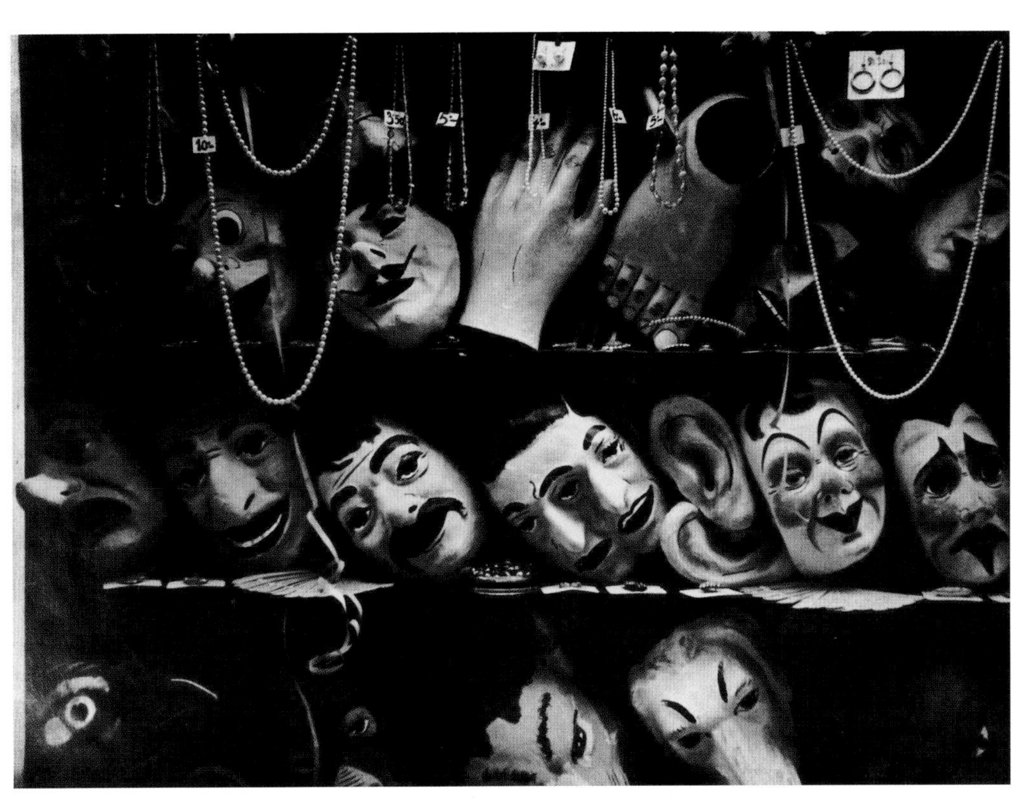

20 **Praha** c. 1929

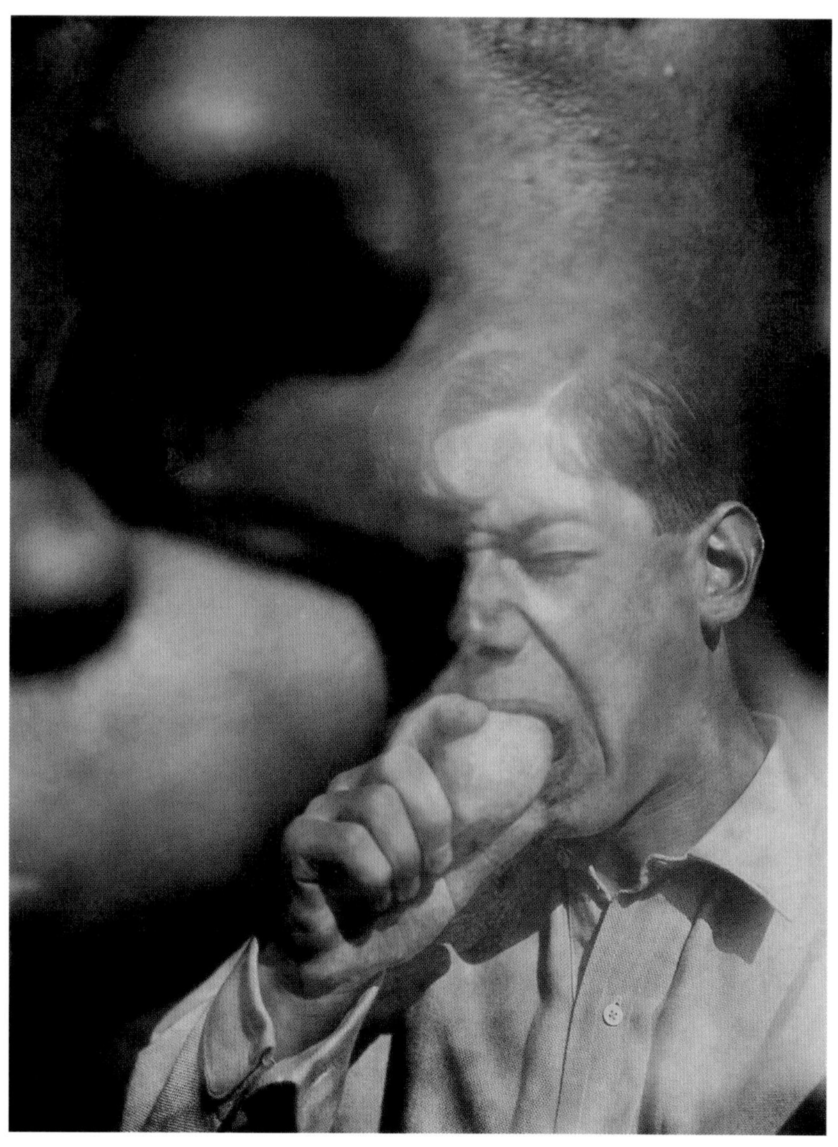

21 **Self-Portrait / Autoportrét** c. 1930

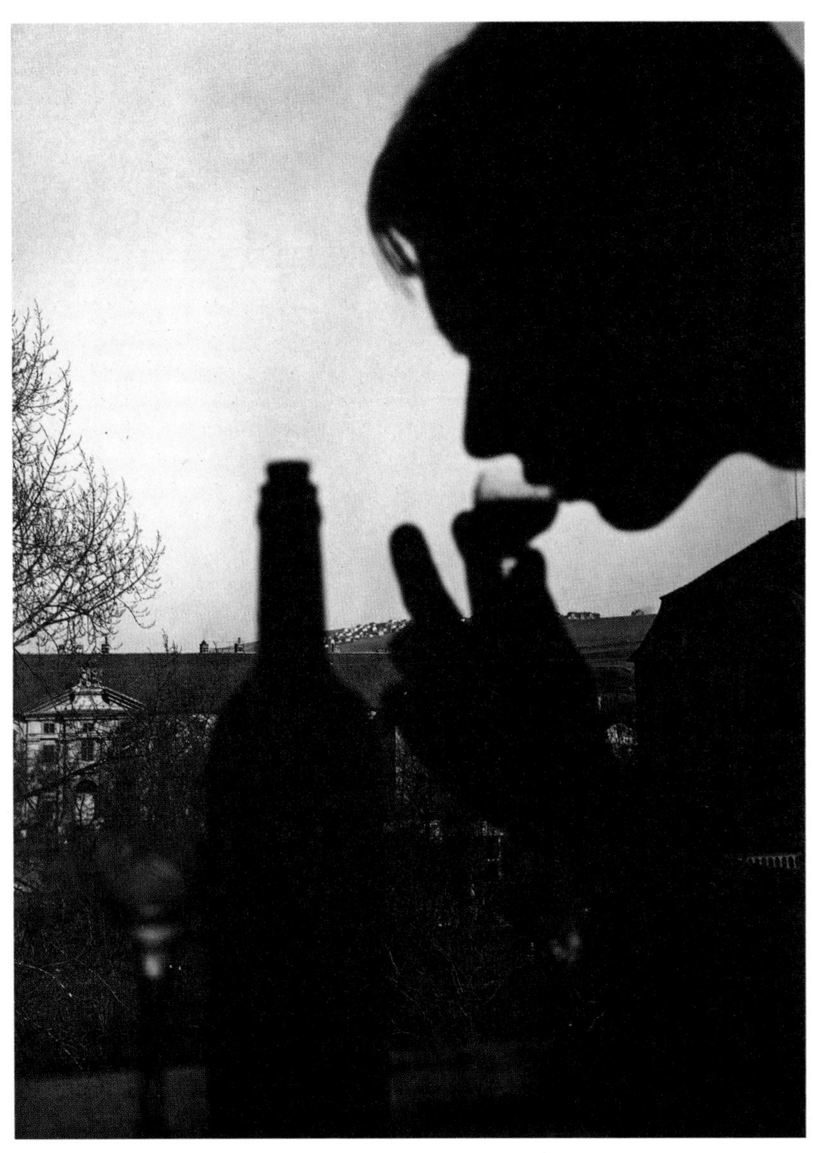

22 **Self-Portrait / Autoportrét** c. 1930

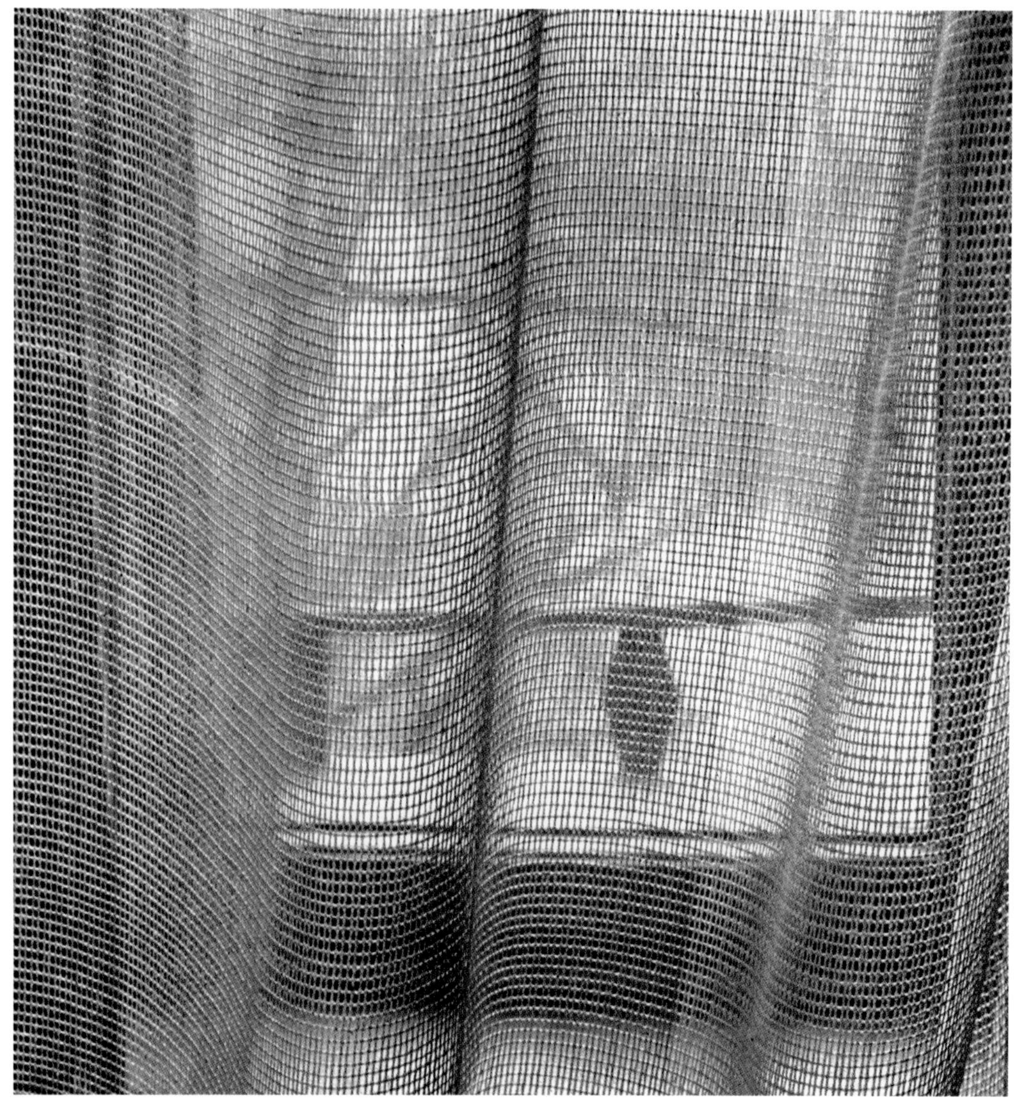

23 **Study of a Window / Studie okna** 1933

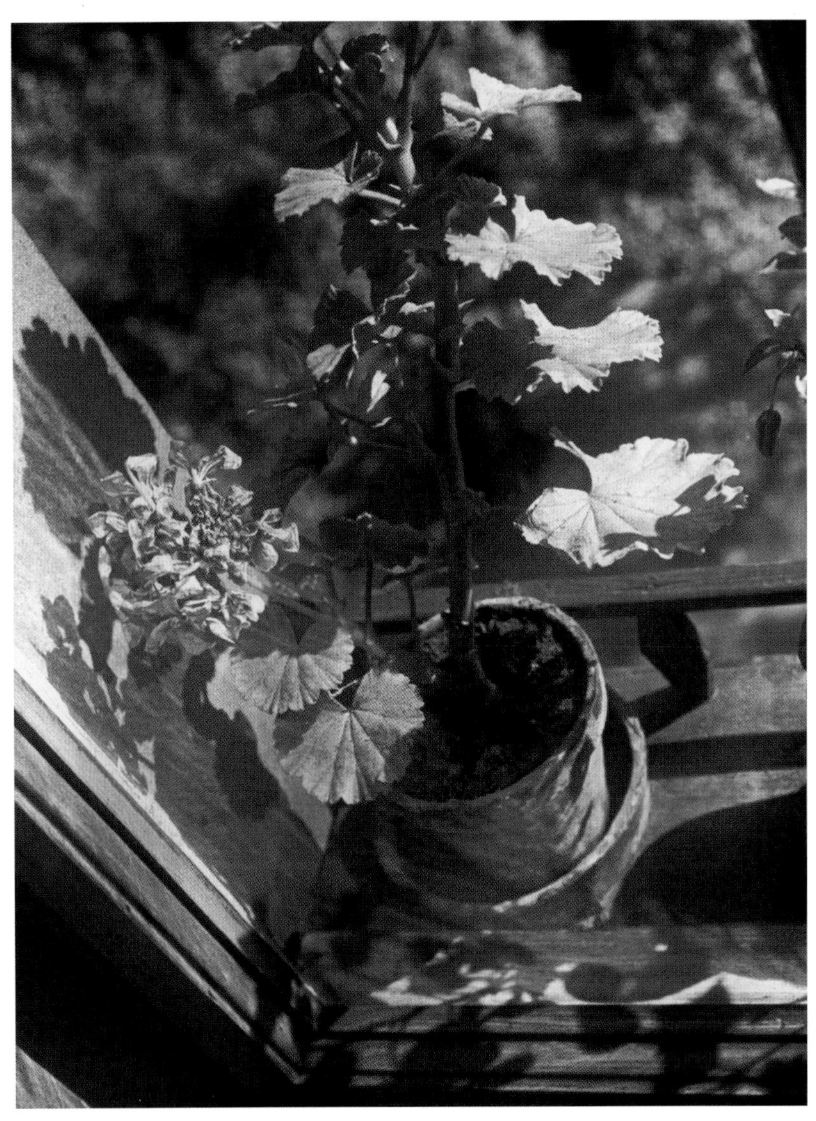

24 **Untitled / Bez názvu** 1931

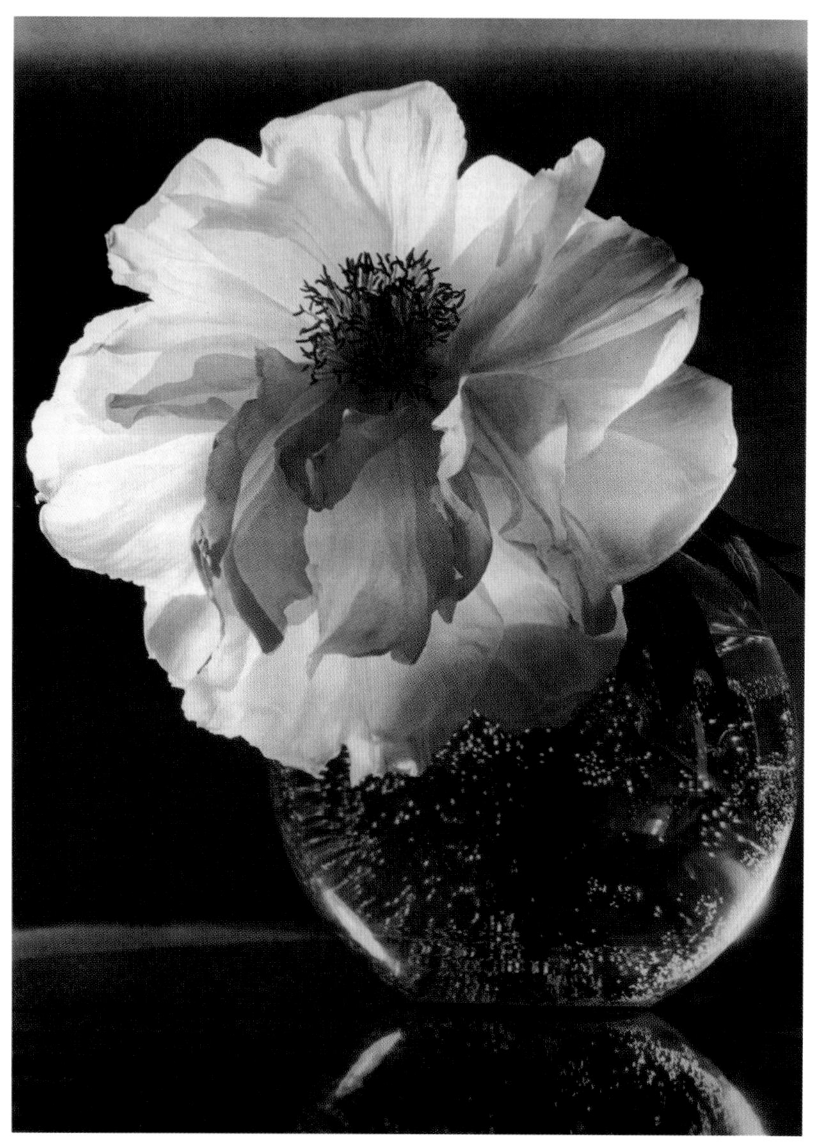

25 **Untitled / Bez názvu** 1930

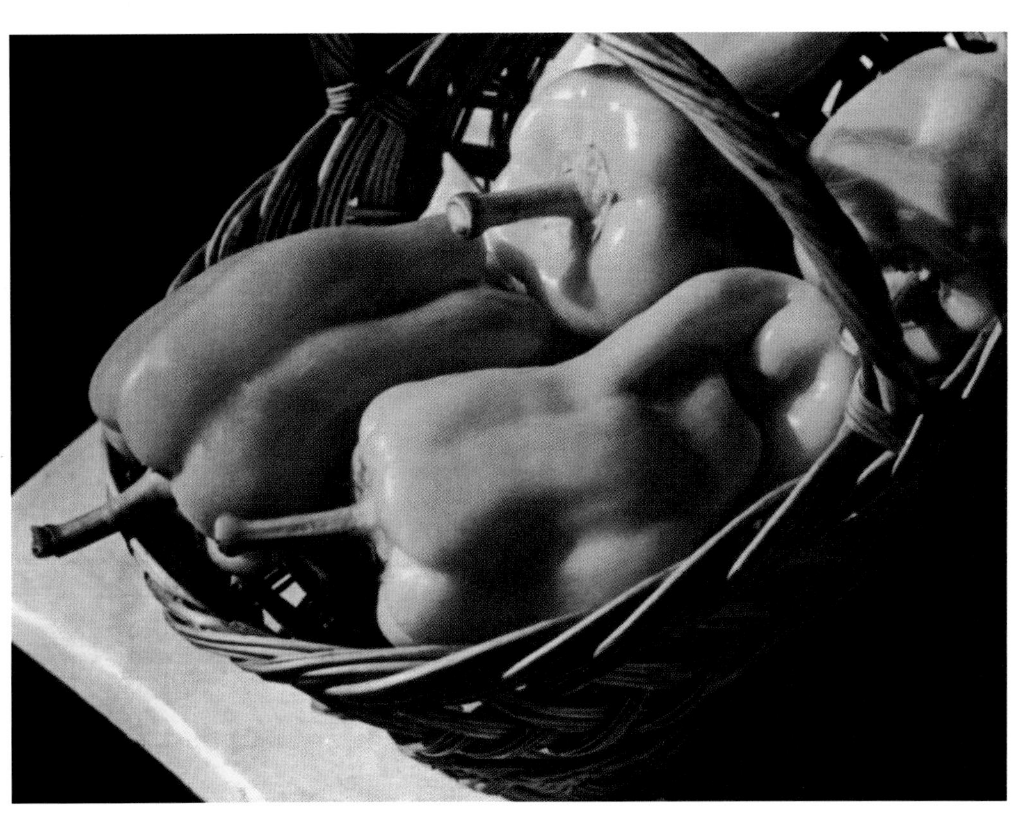

26 **Untitled / Bez názvu** 1930

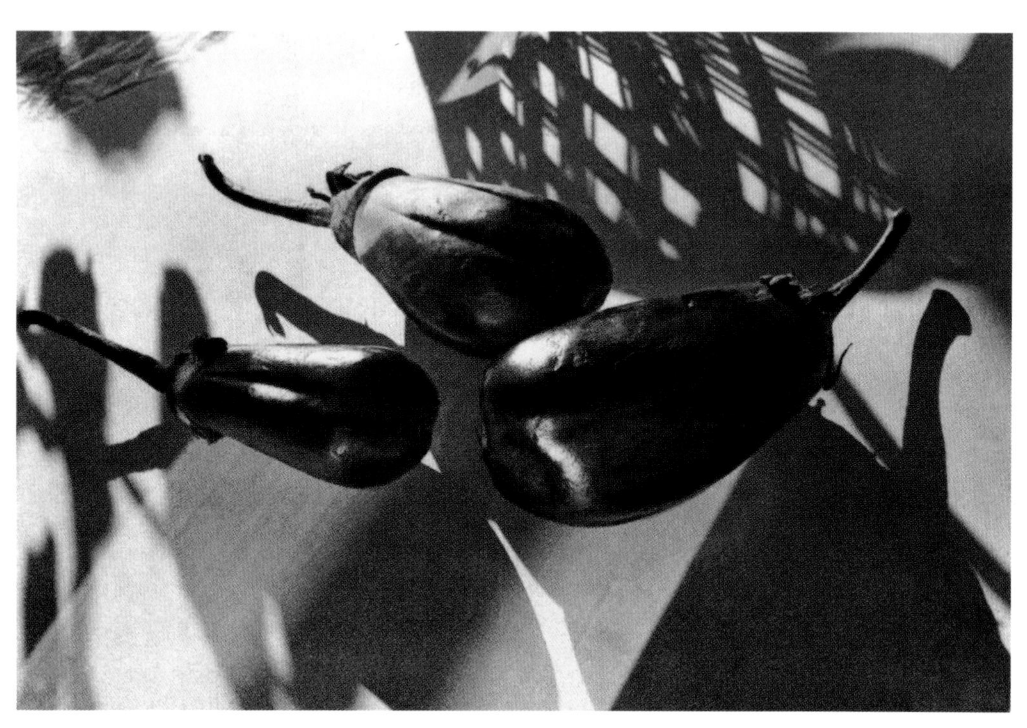

27 **Untitled / Bez názvu** 1930

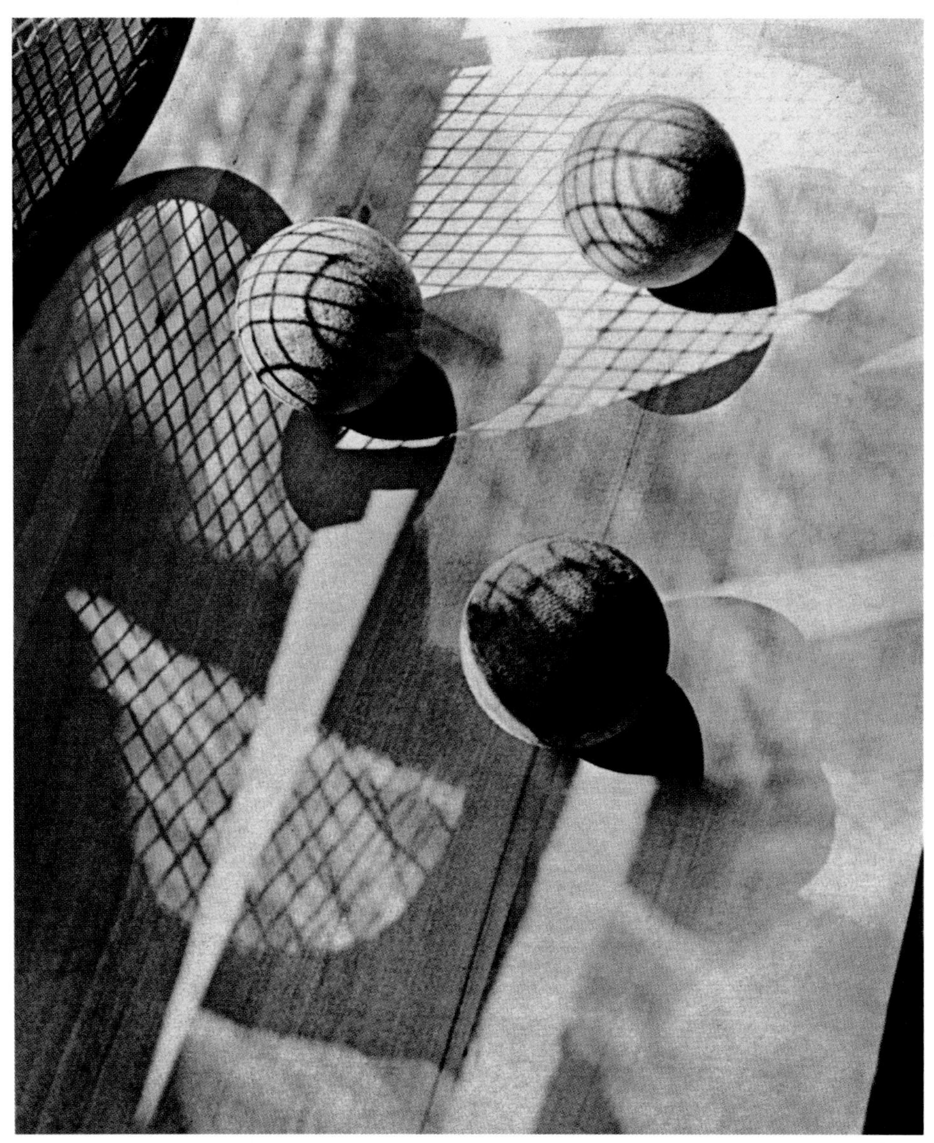

28 **Untitled / Bez názvu** 1930

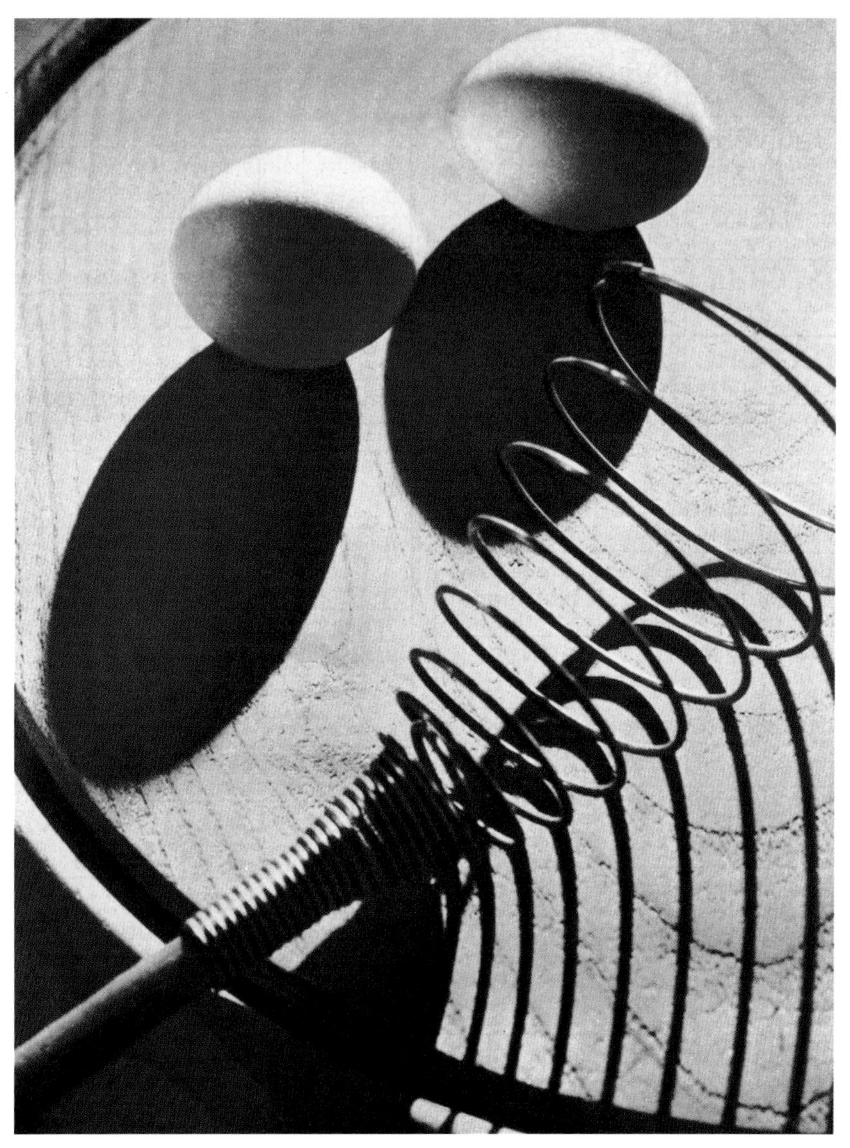

29 **Untitled / Bez názvu** 1932

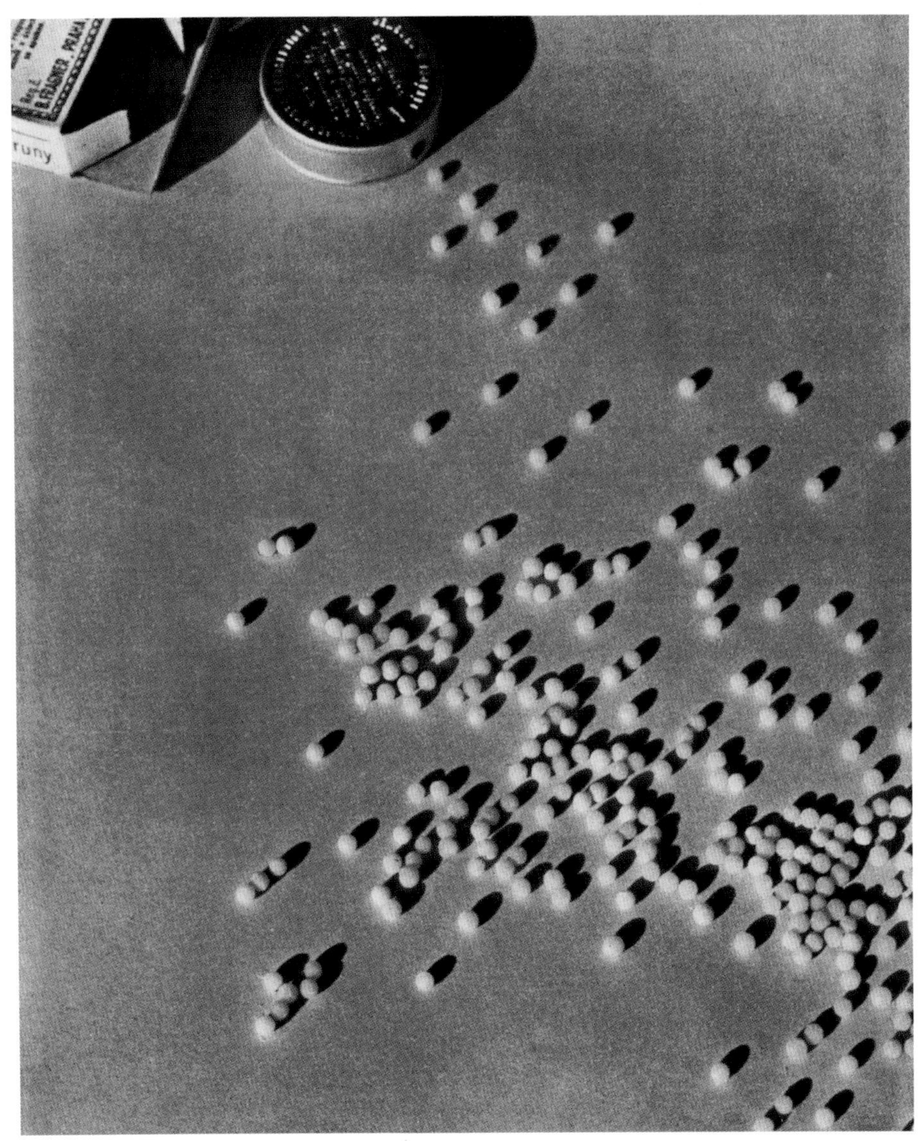

30 **Advertising photography / Reklamní fotografie** 1930

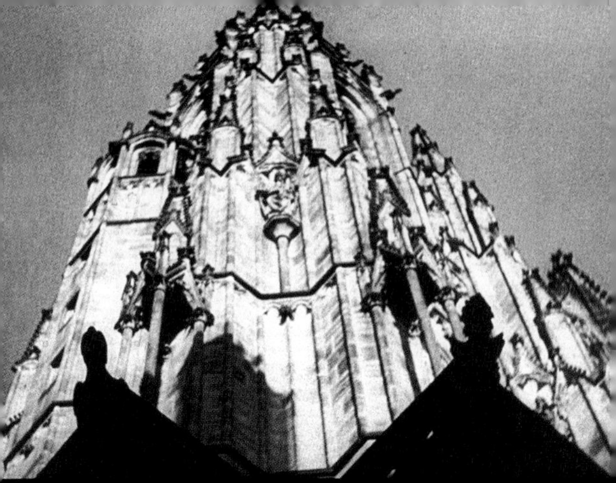

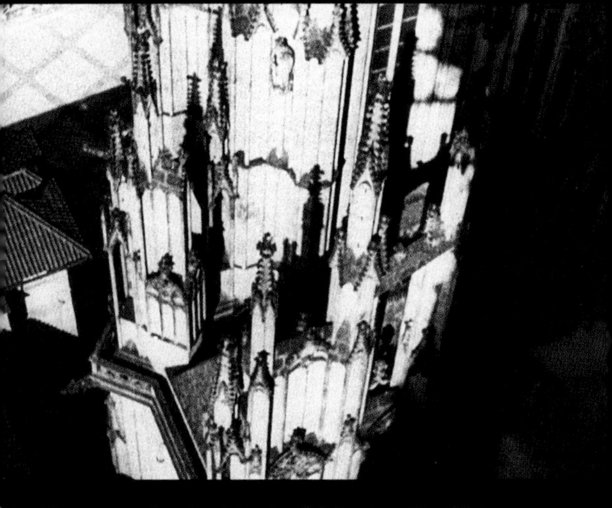

31, 32 Prague Castle / Na Pražském hradě, 1932

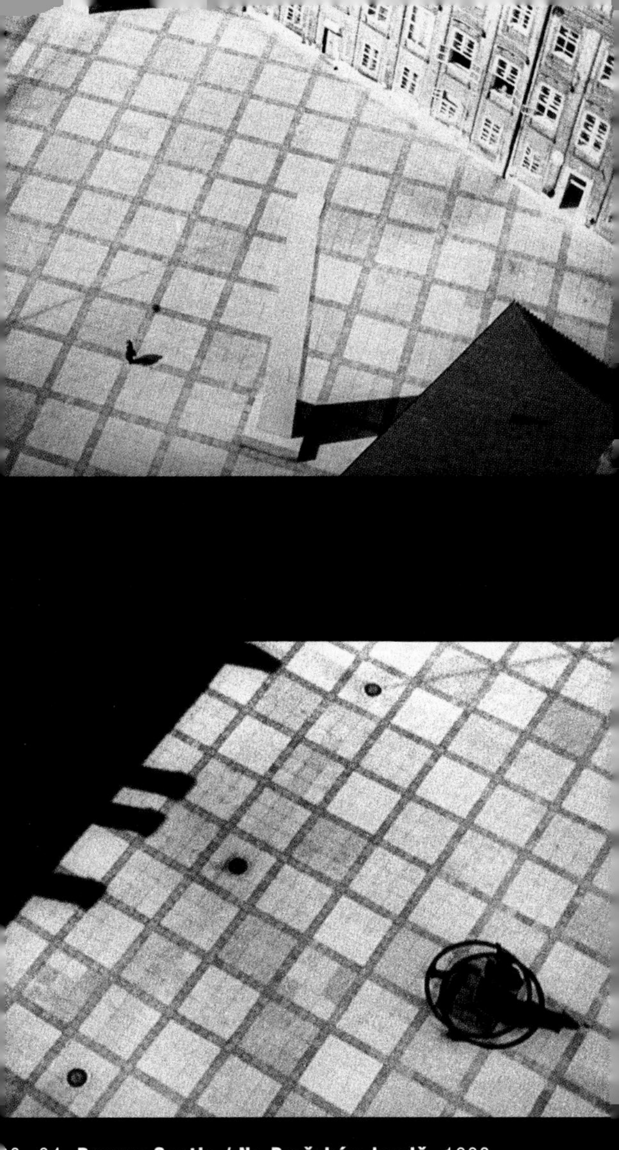

33–34 Prague Castle / Na Pražském hradě 1932

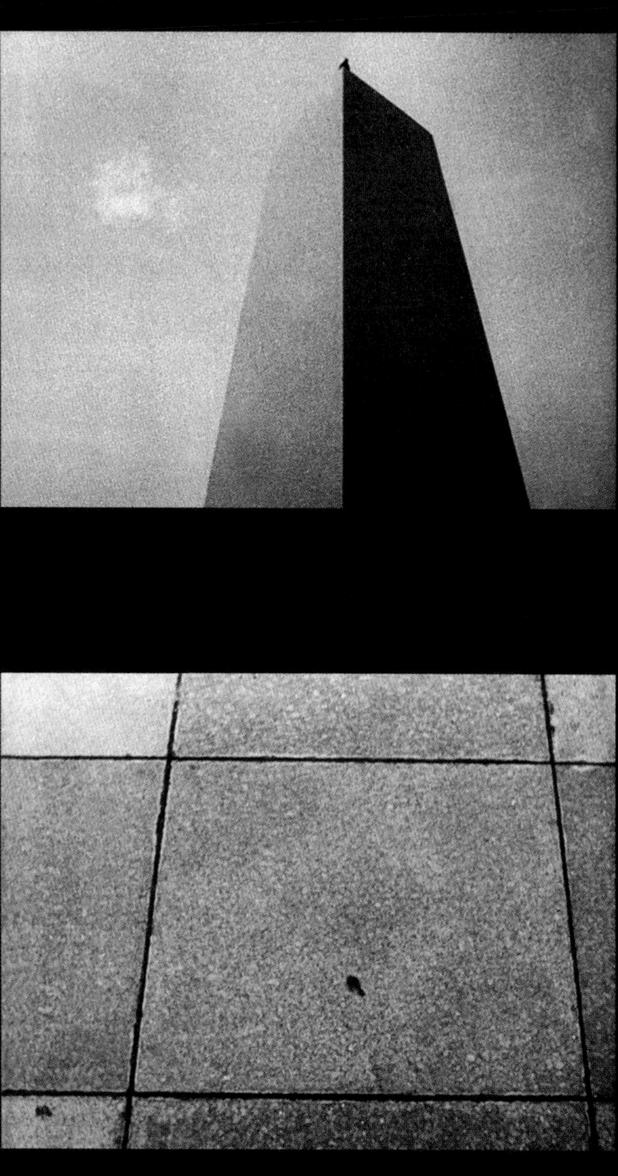

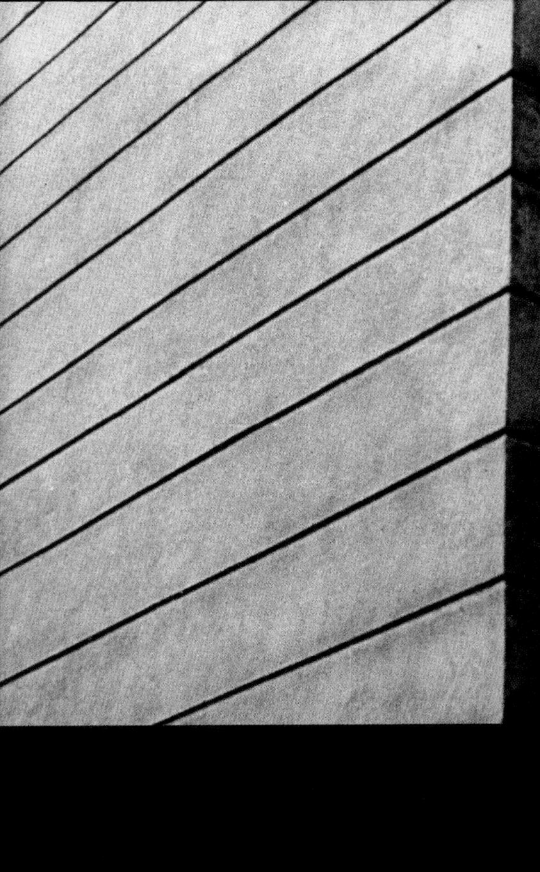

35–37 **Prague Castle / Na Pražském hradě** 1932

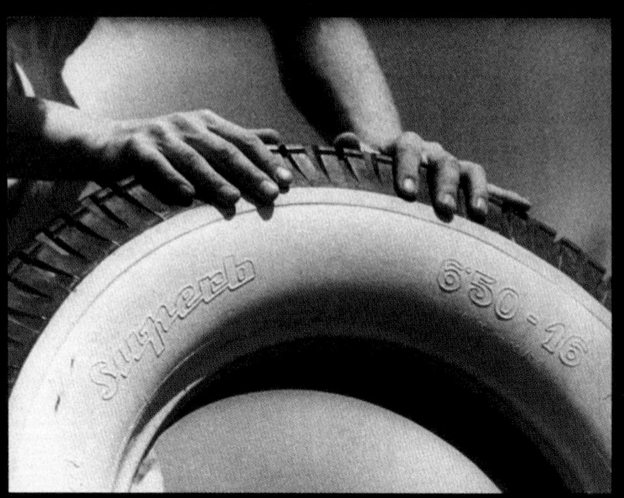

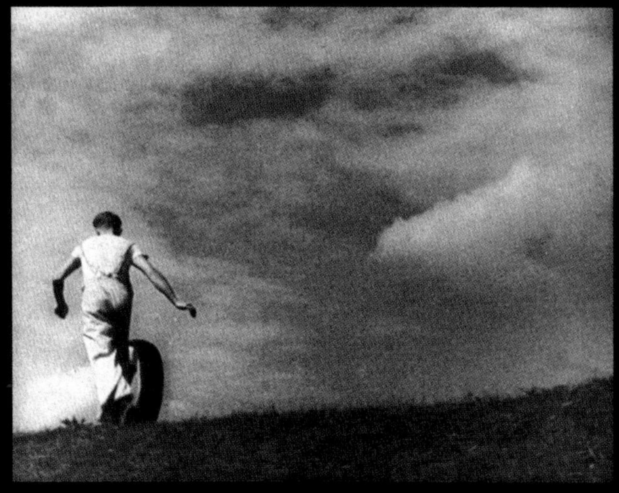

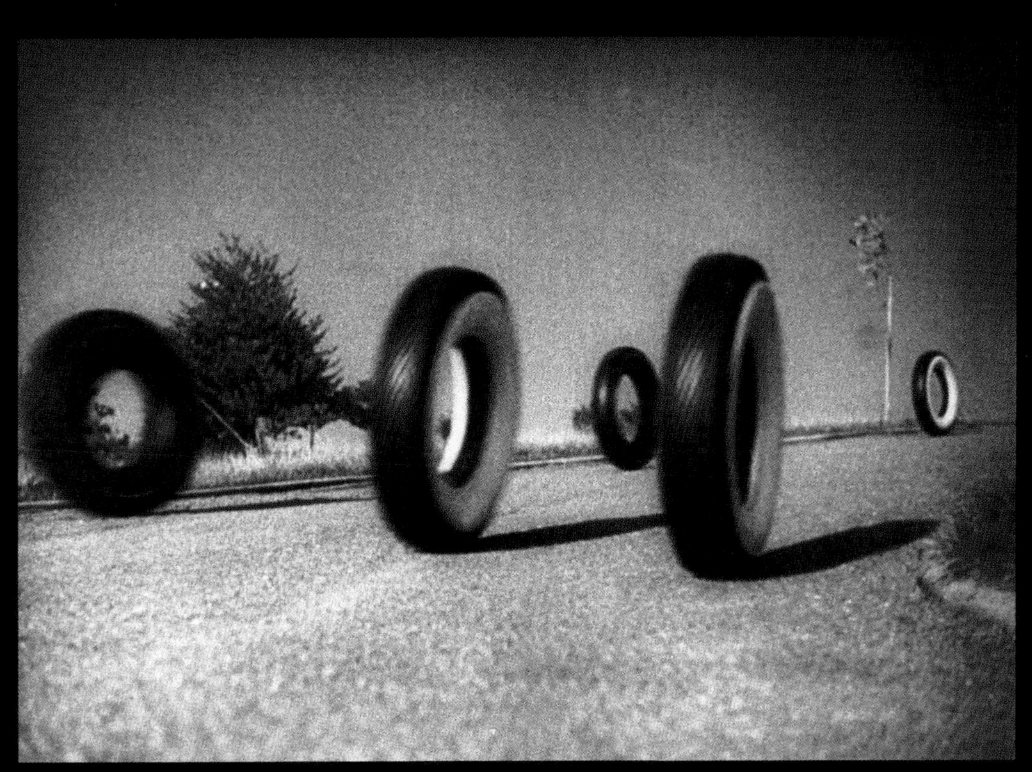

38–40 **The Highway Sings / Silnice zpívá** 1937

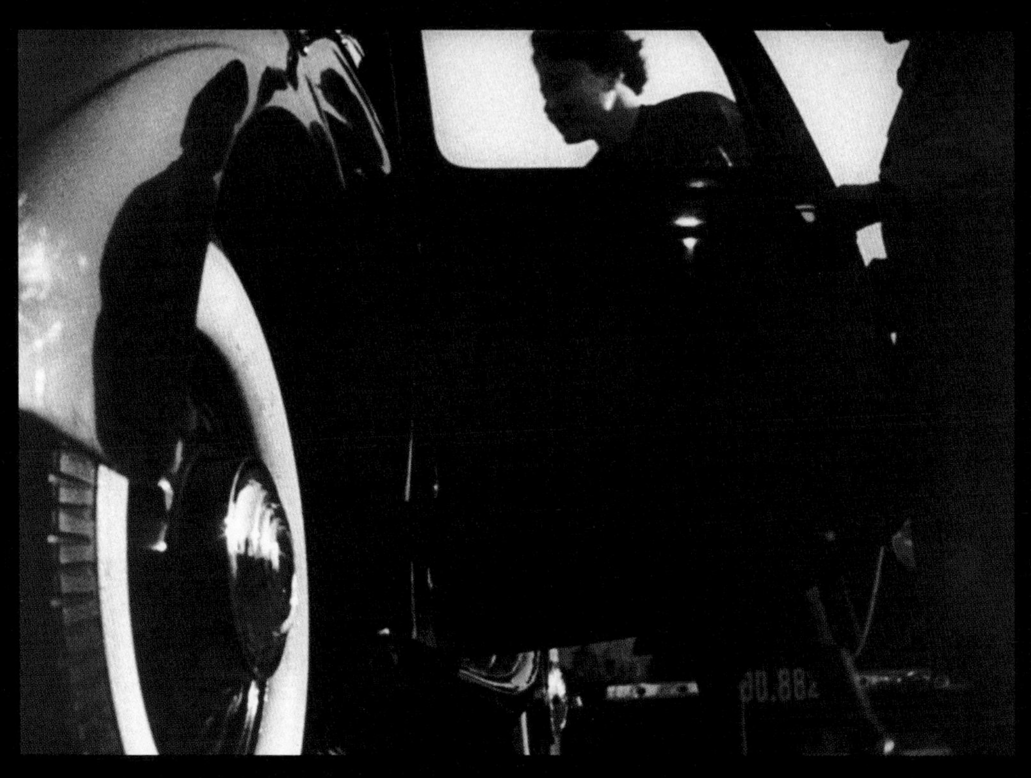

41–43 **The Highway Sings / Silnice zpívá** 1937

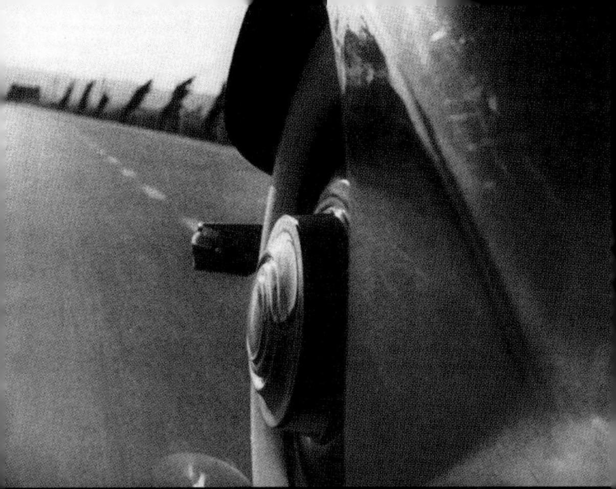

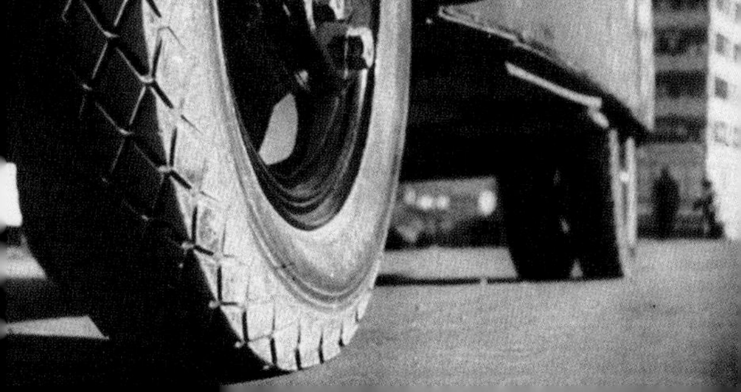

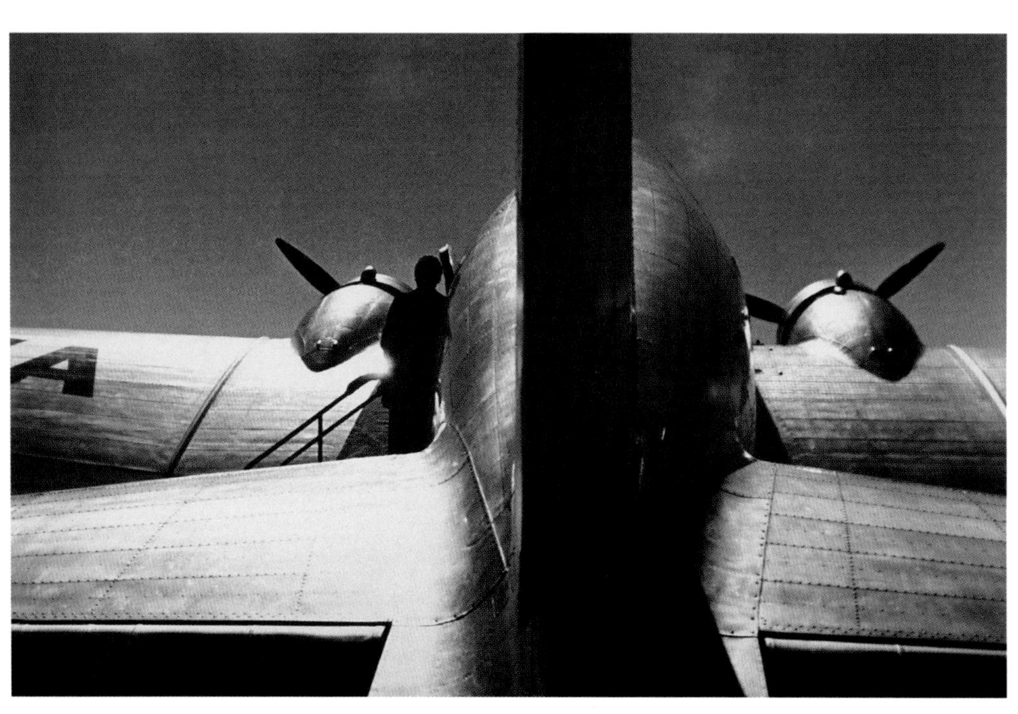

44 **From a Trip to the USA / Z cesty do USA** 1936

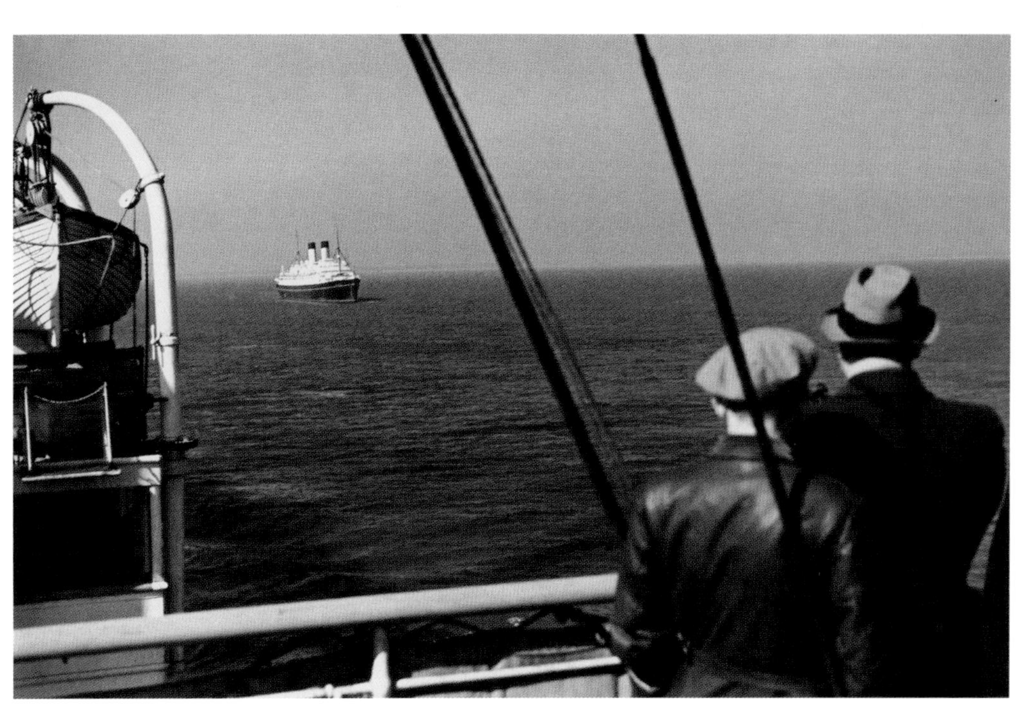

45 **From a Trip to the USA / Z cesty do USA** 1936

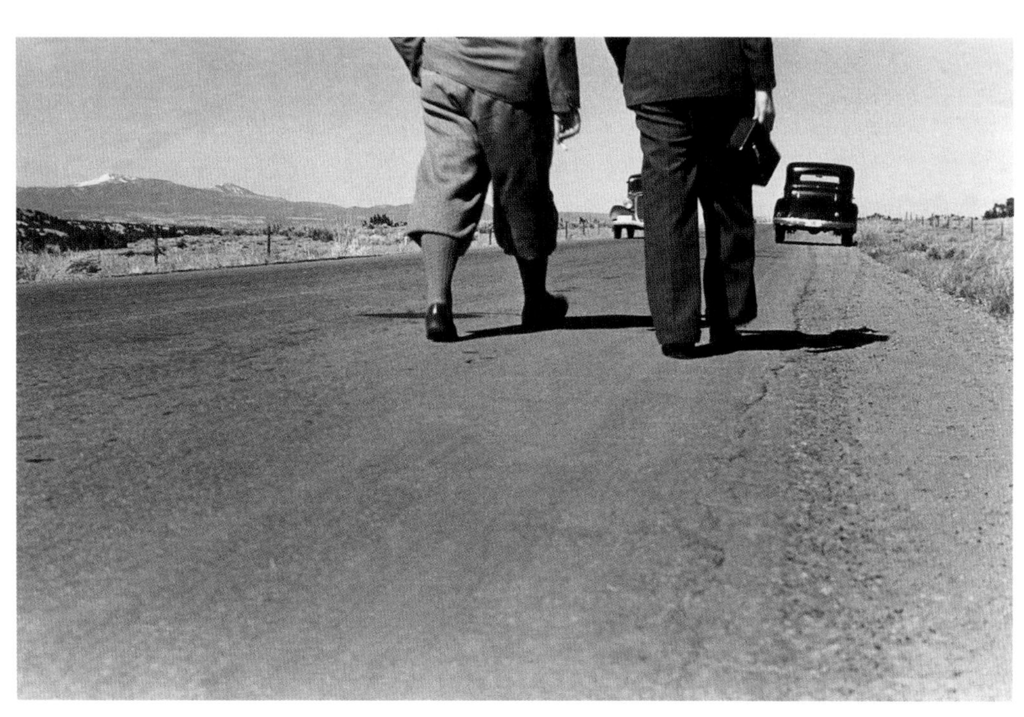

46 **From a Trip to the USA / Z cesty do USA** 1936

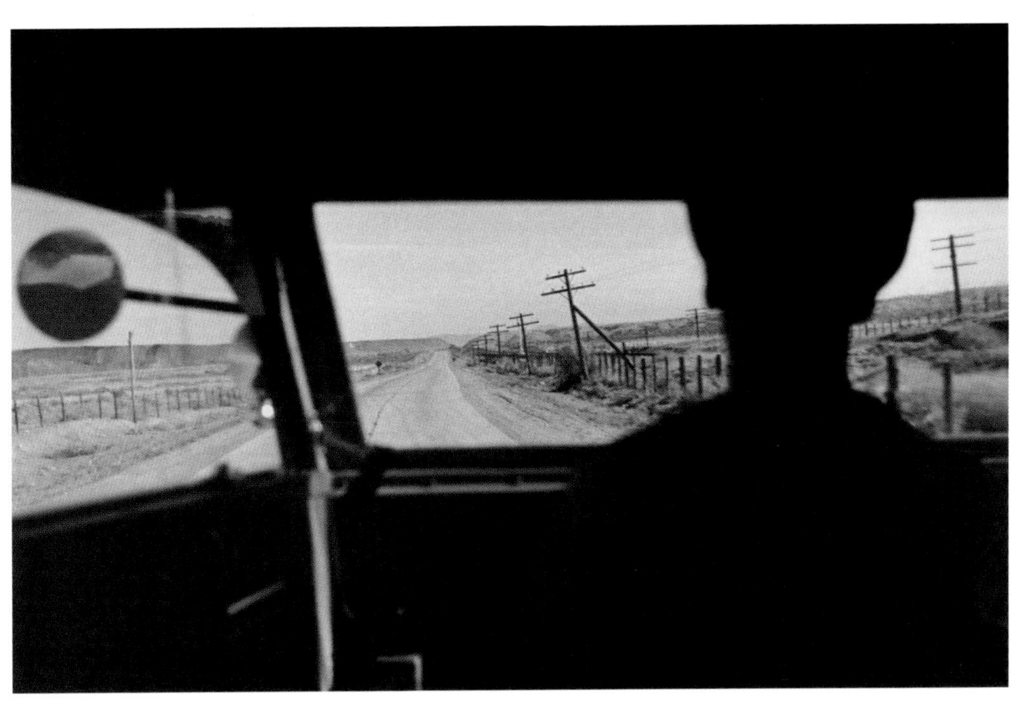

47 **From a Trip to the USA / Z cesty do USA** 1936

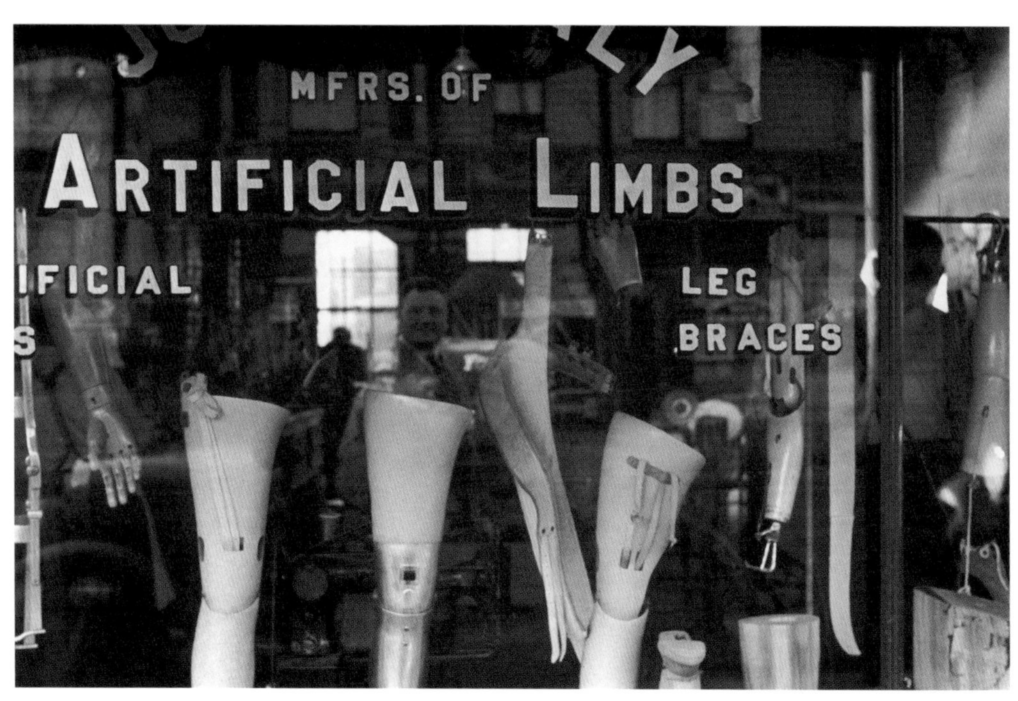

48 **From a Trip to the USA / Z cesty do USA** 1936

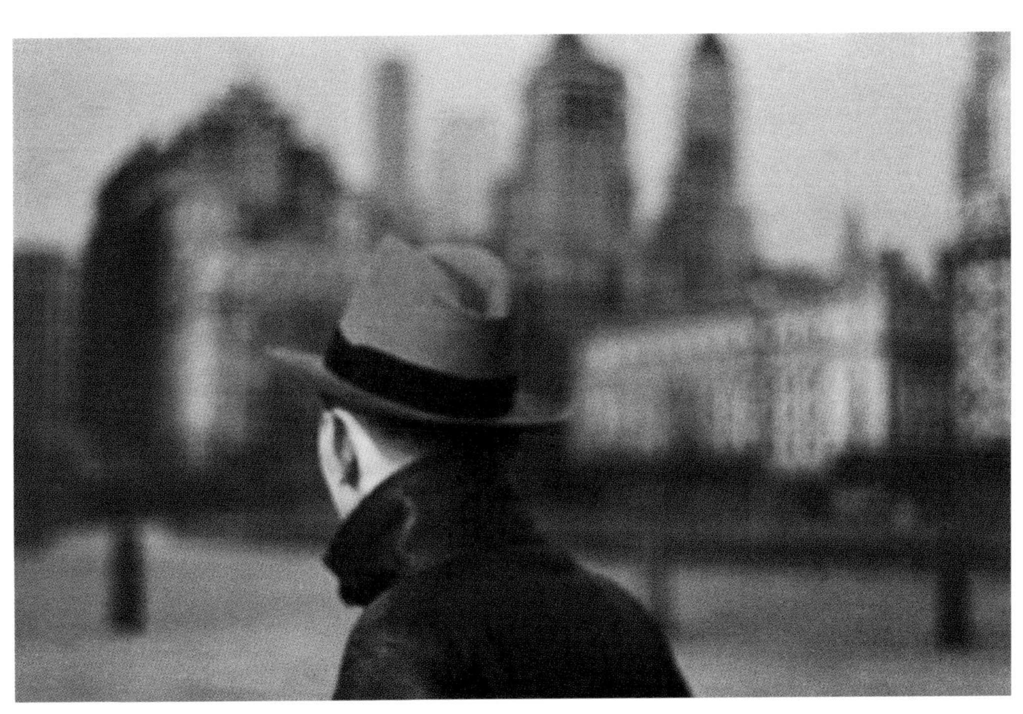

49 **From a Trip to the USA / Z cesty do USA** 1936

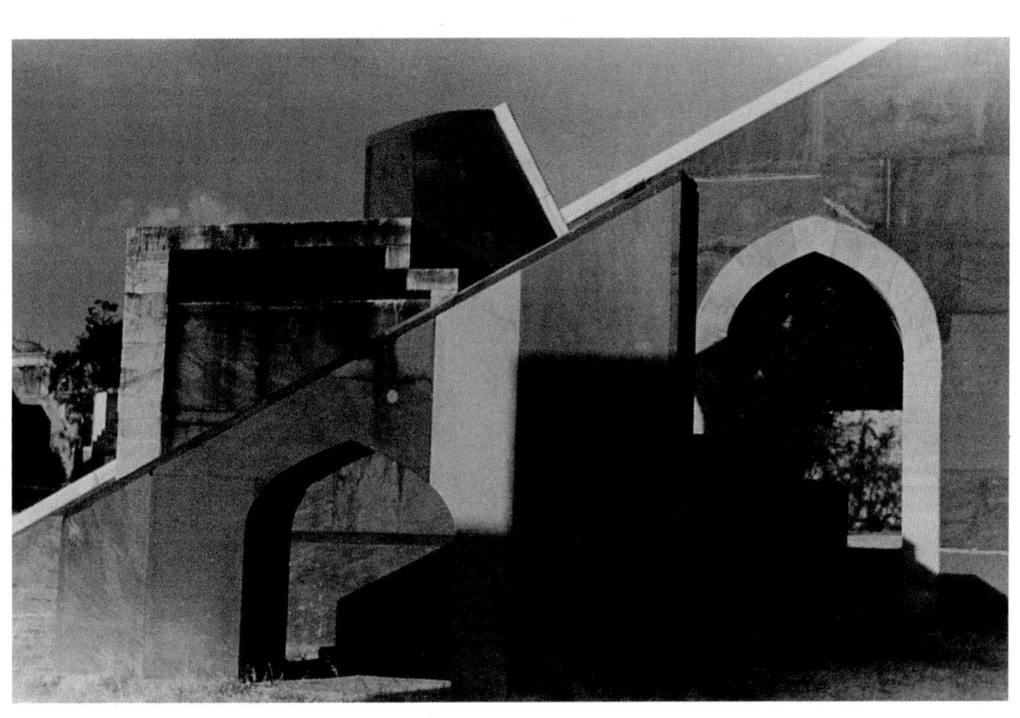

50 **From a Trip to India / Z cesty do Indie** 1937

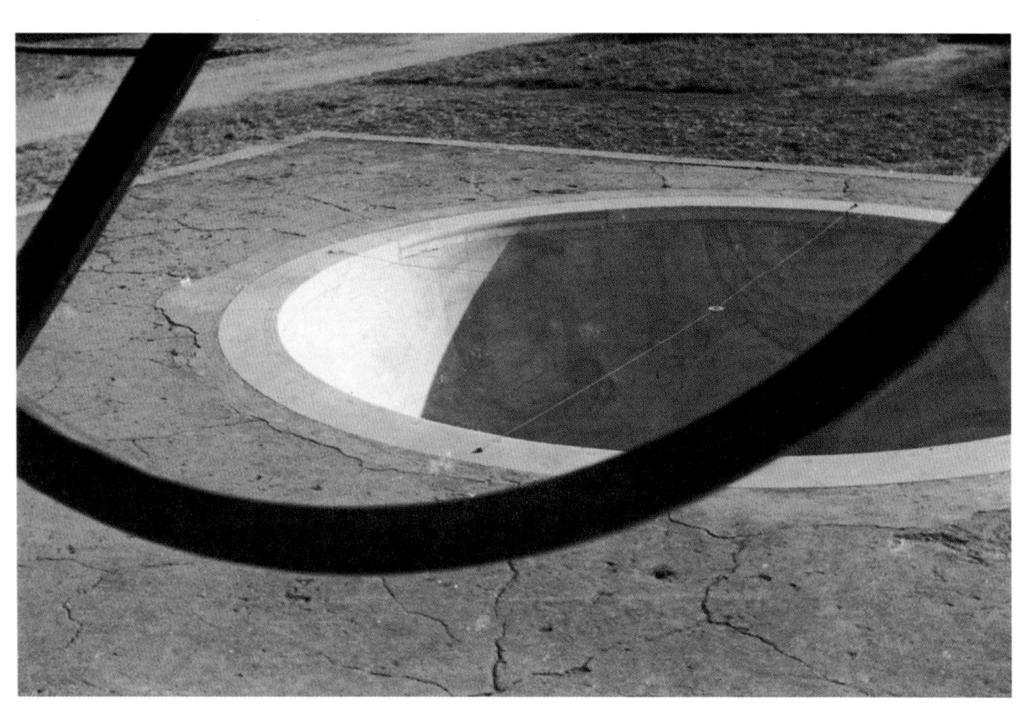

51 **From a Trip to India / Z cesty do Indie** 1937

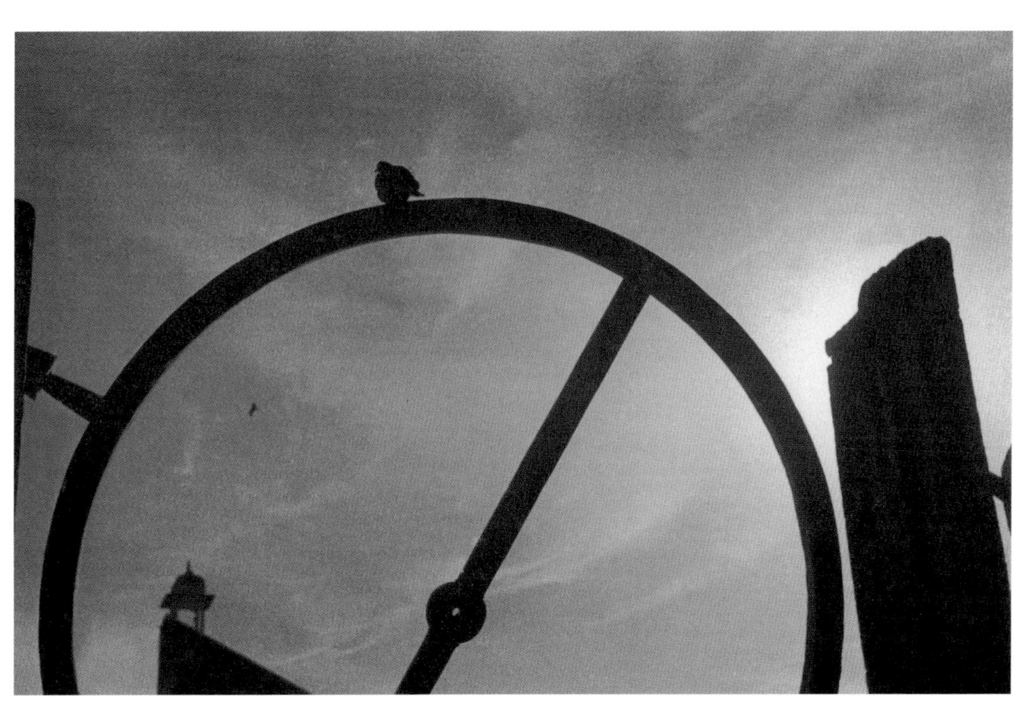

52 **From a Trip to India / Z cesty do Indie** 1937

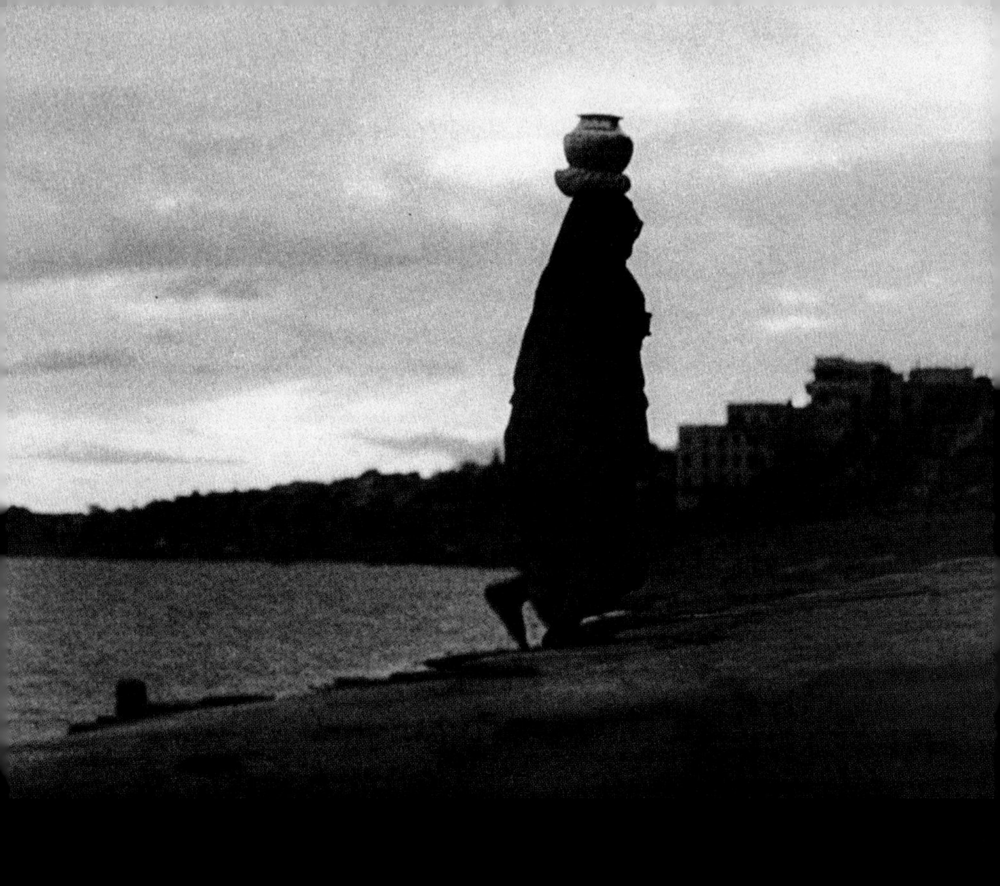

53–55 **River of Life and Death / Řeka života a smrti**, 1937

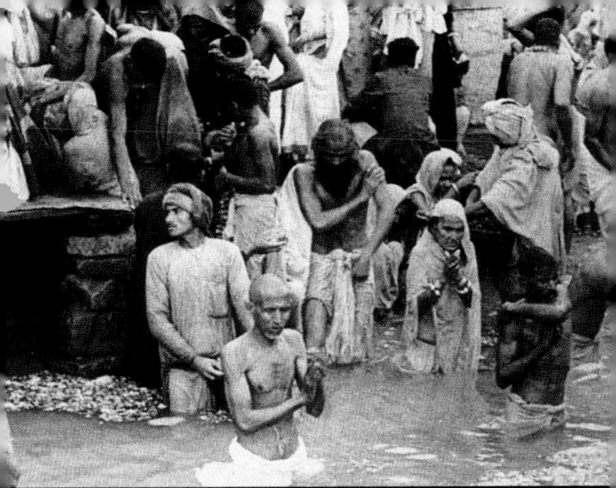

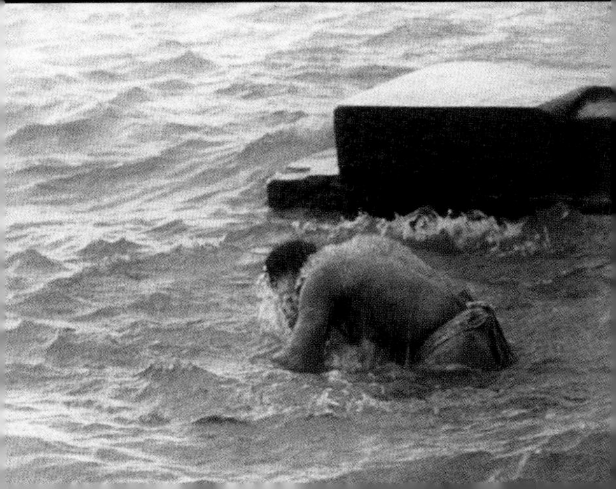

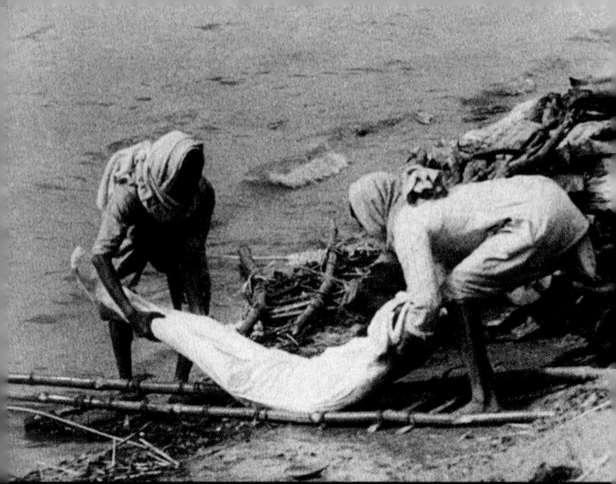

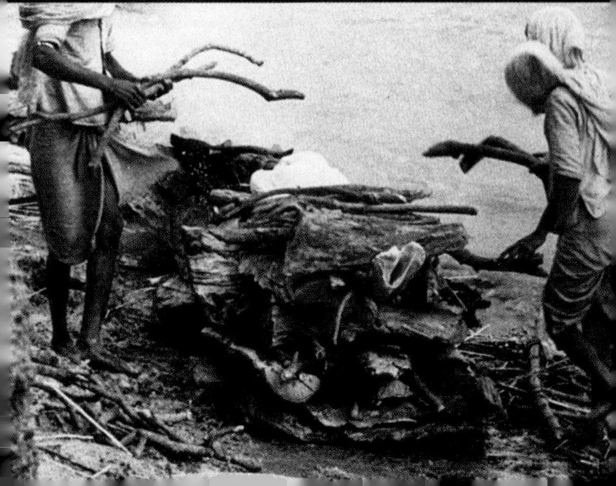

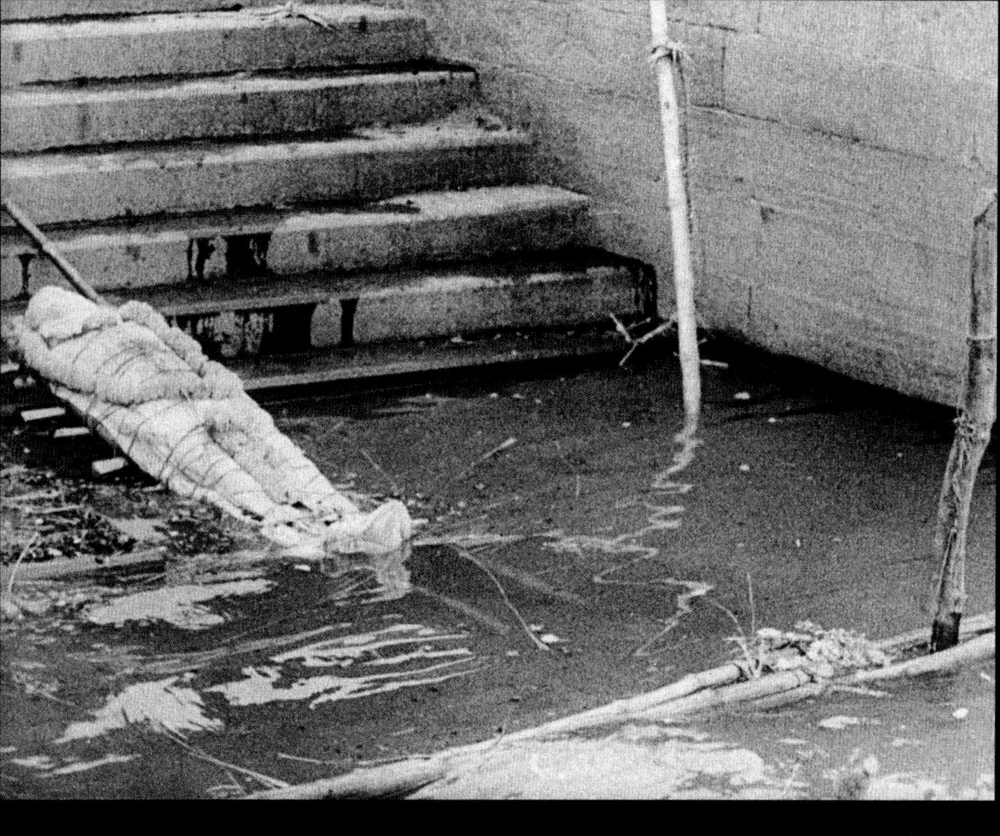

56–58 **River of Life and Death / Řeka života a smrti** 1937

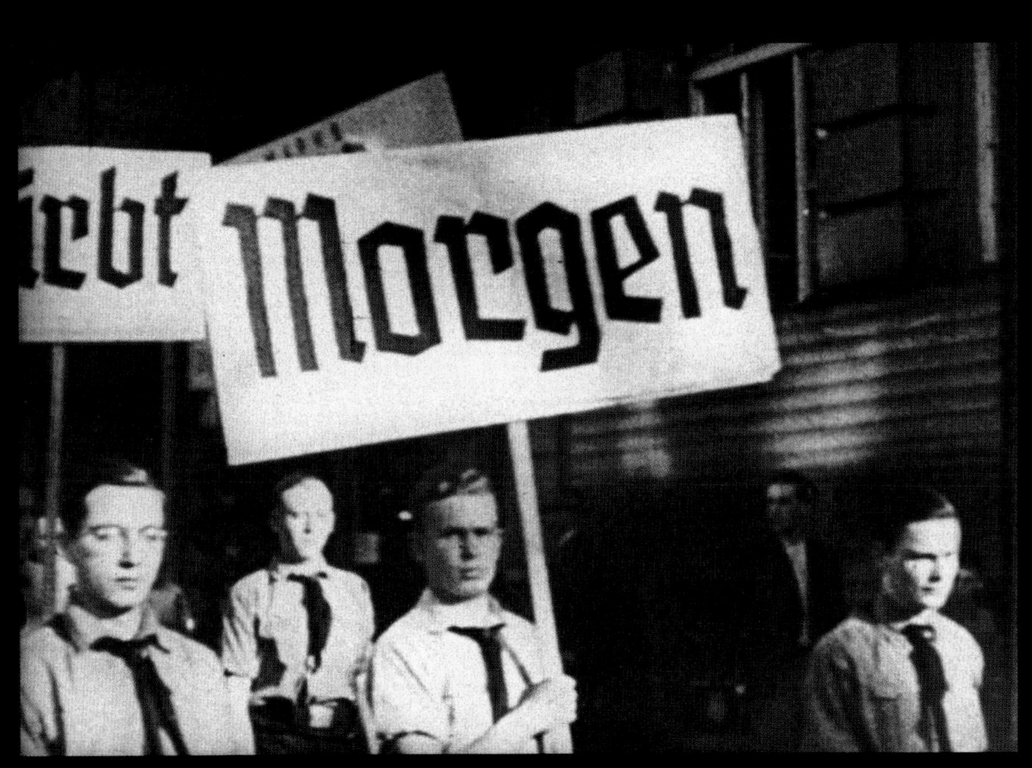

59 **Crisis / Krize** 1938

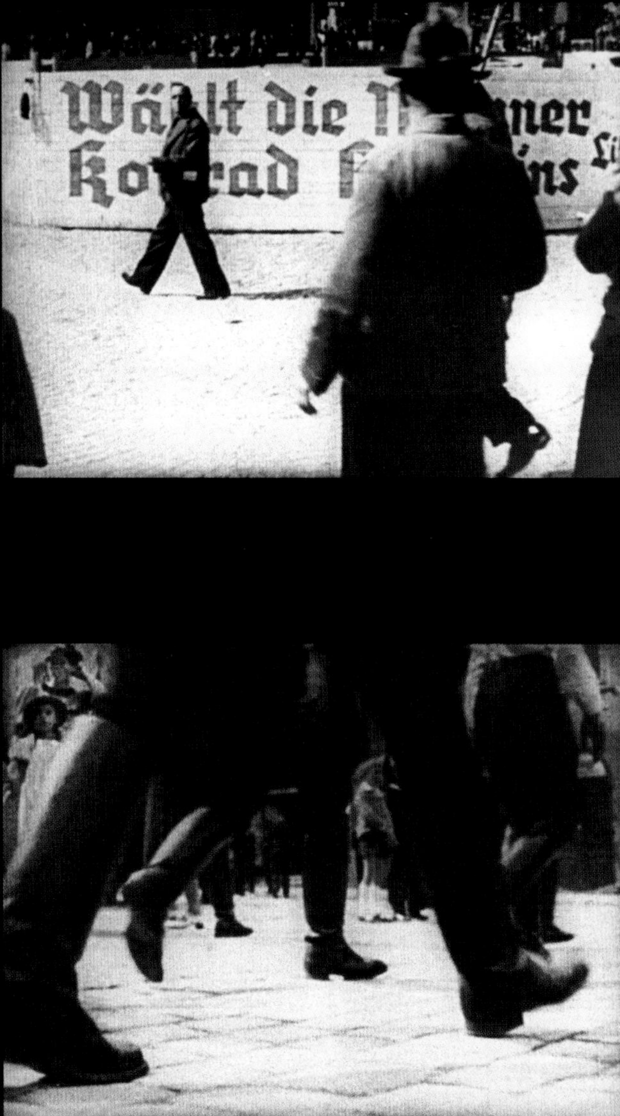

Wählt die Münchner
Konrad F

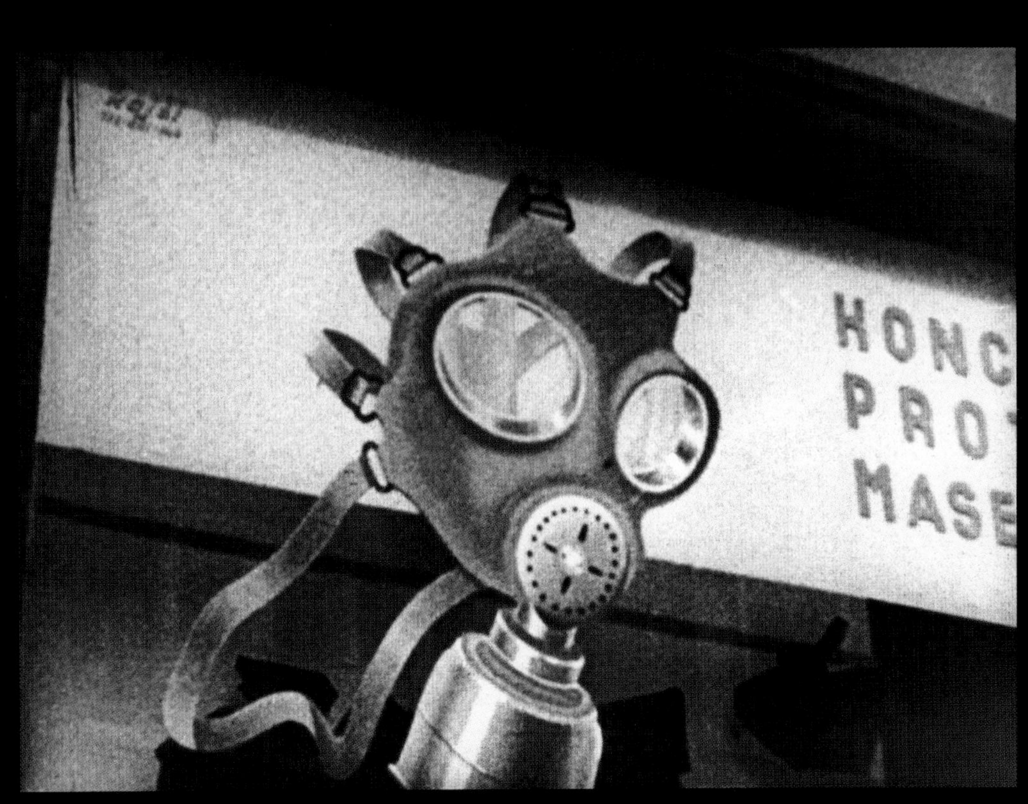

60–62 **Crisis / Krize** 1938

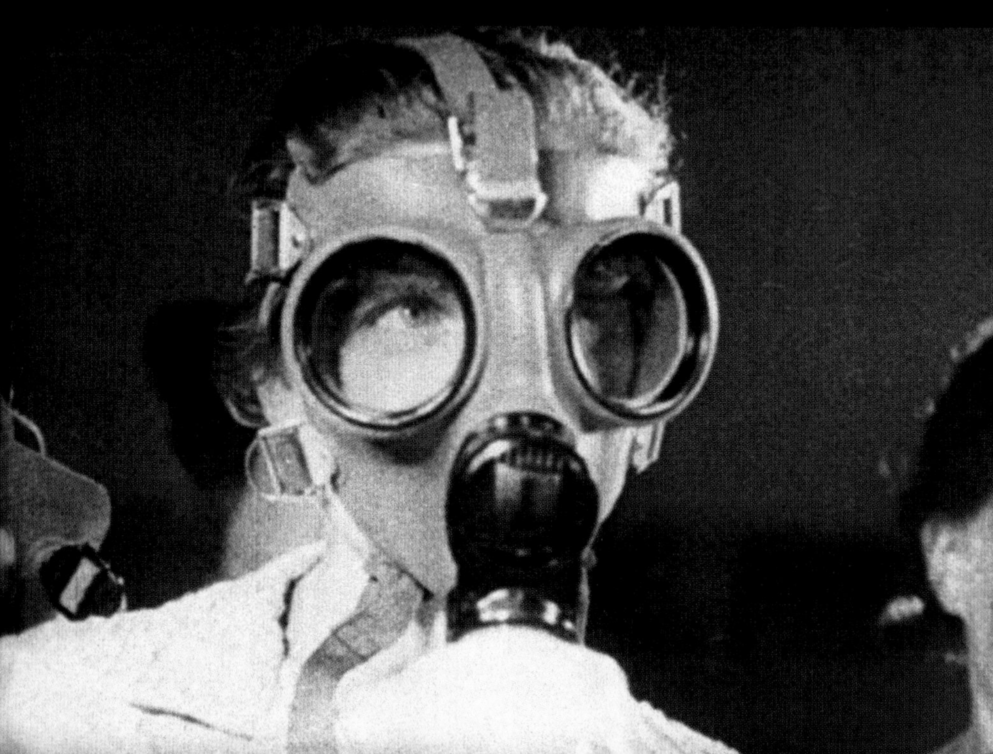

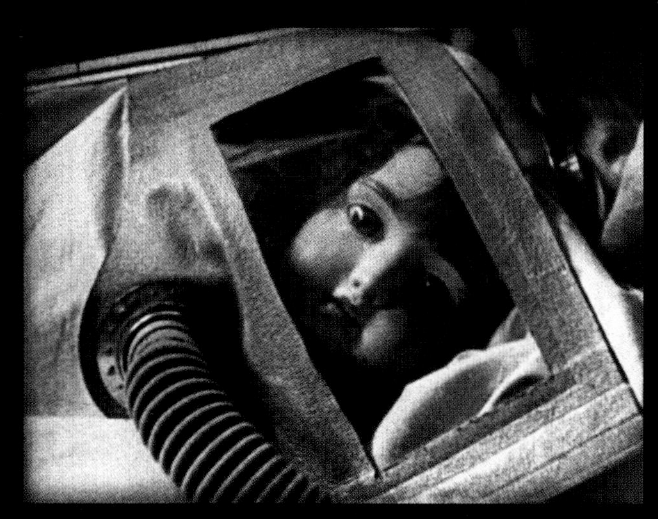

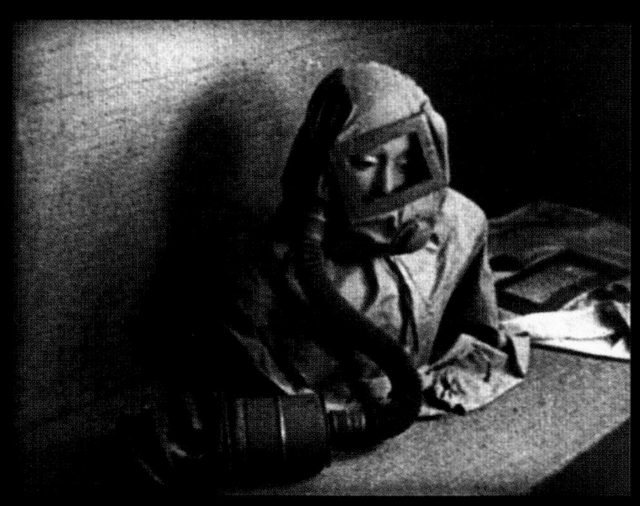

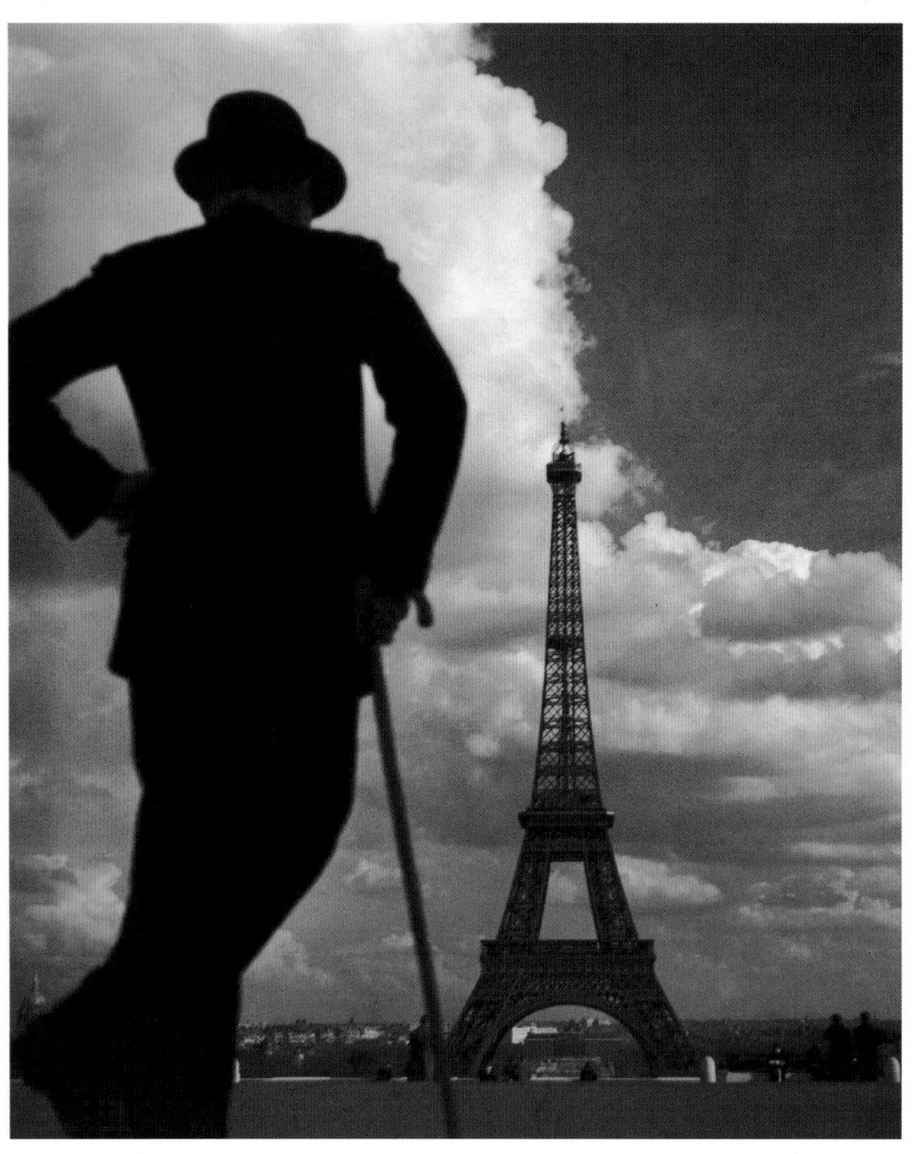

66 **Paris** 1939

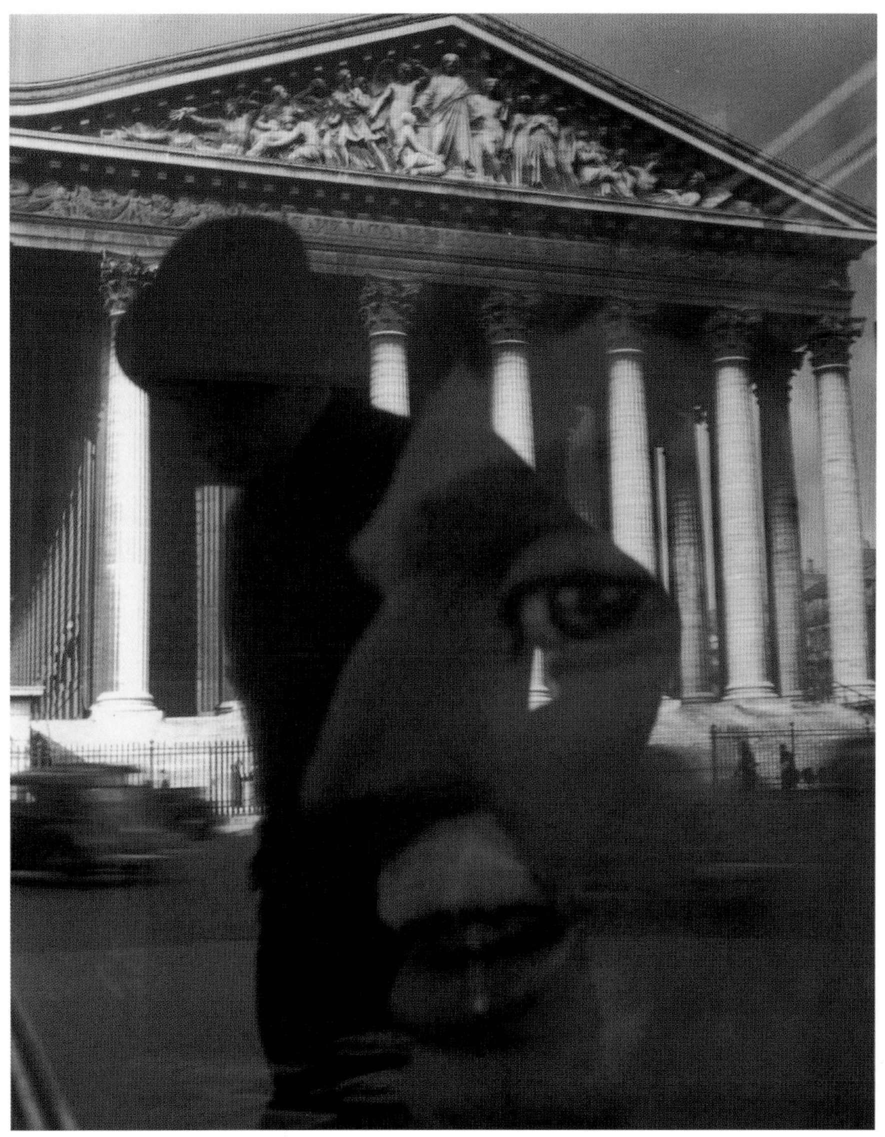

67 **Paris** 1939

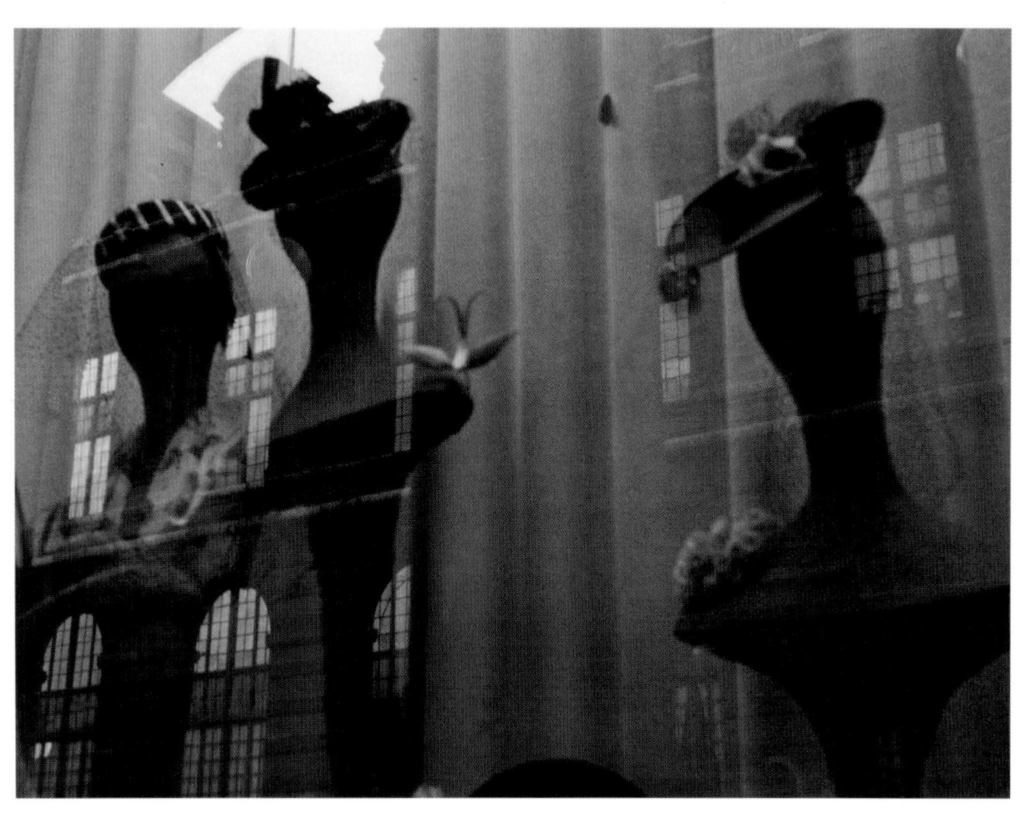

68 **Paris** 1939

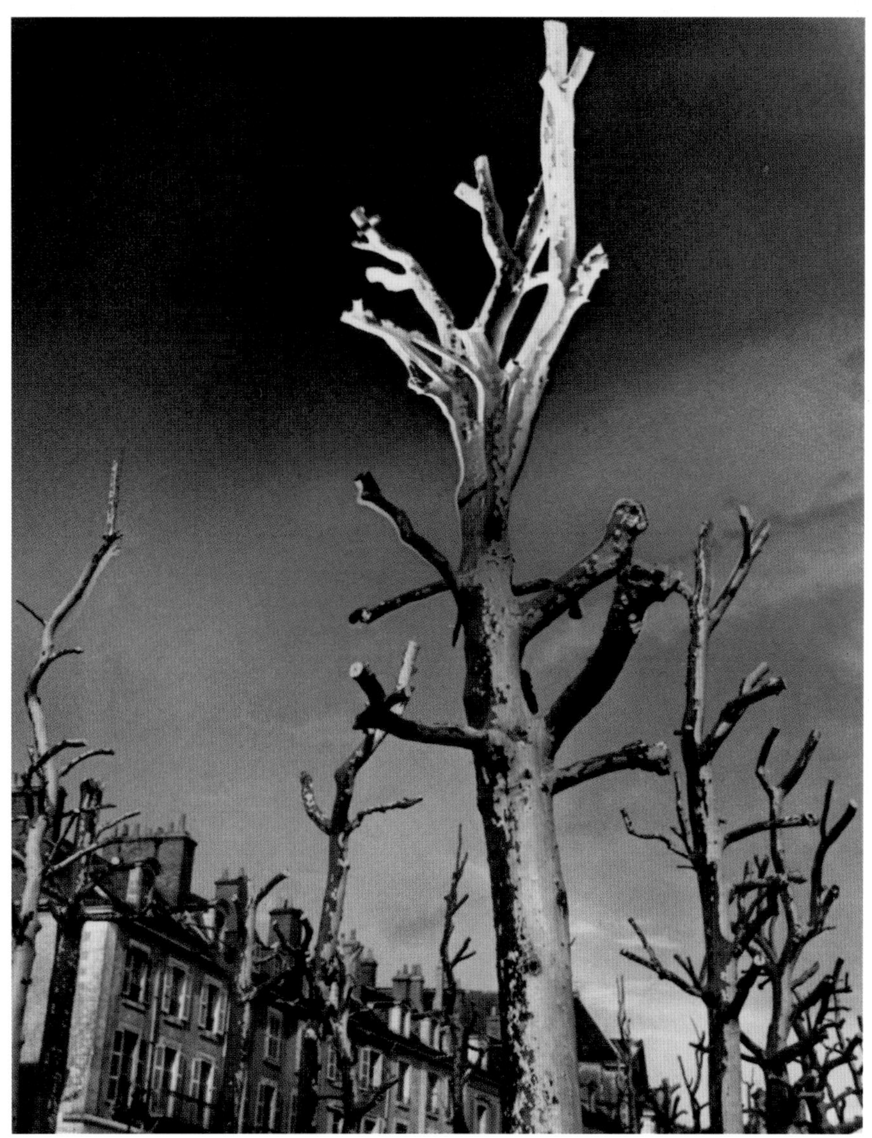

69 **Orléans** 1939

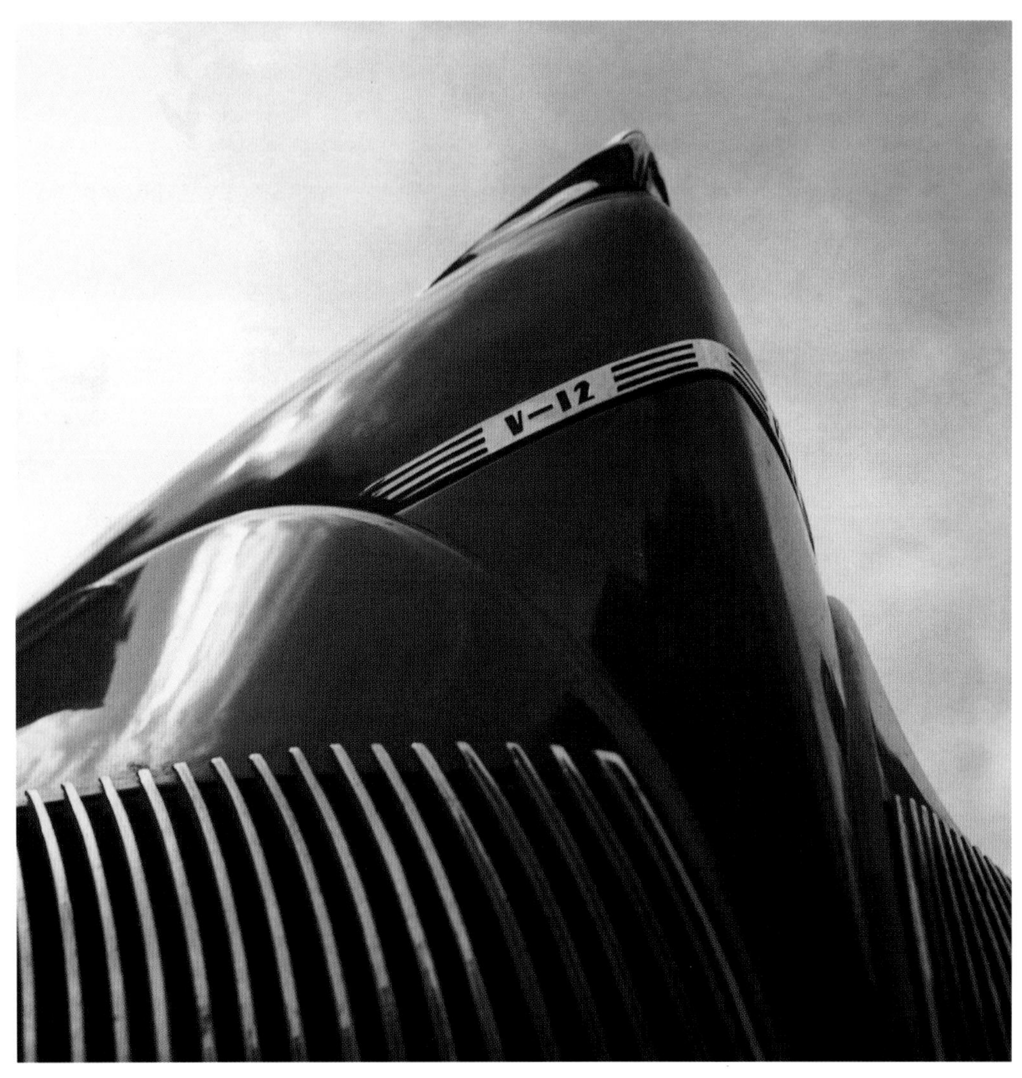

70 **Untitled / Bez názvu** c. 1938

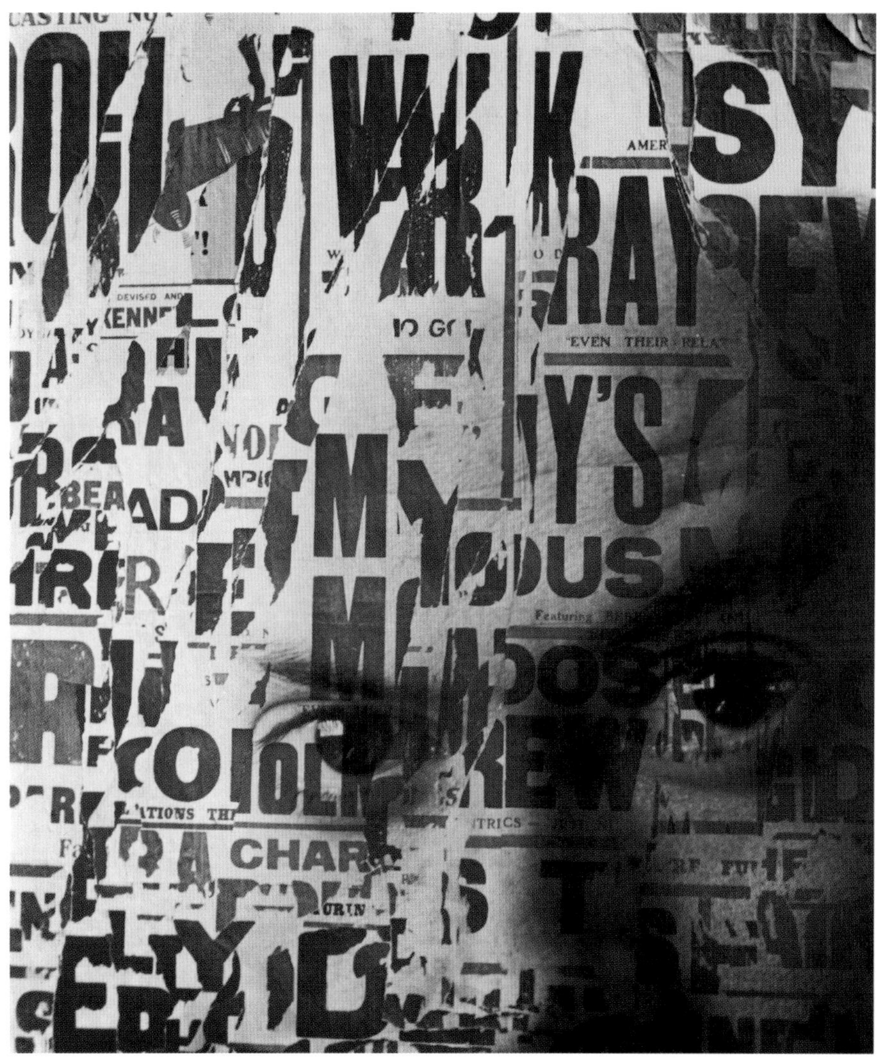

71 **Paris** 1939

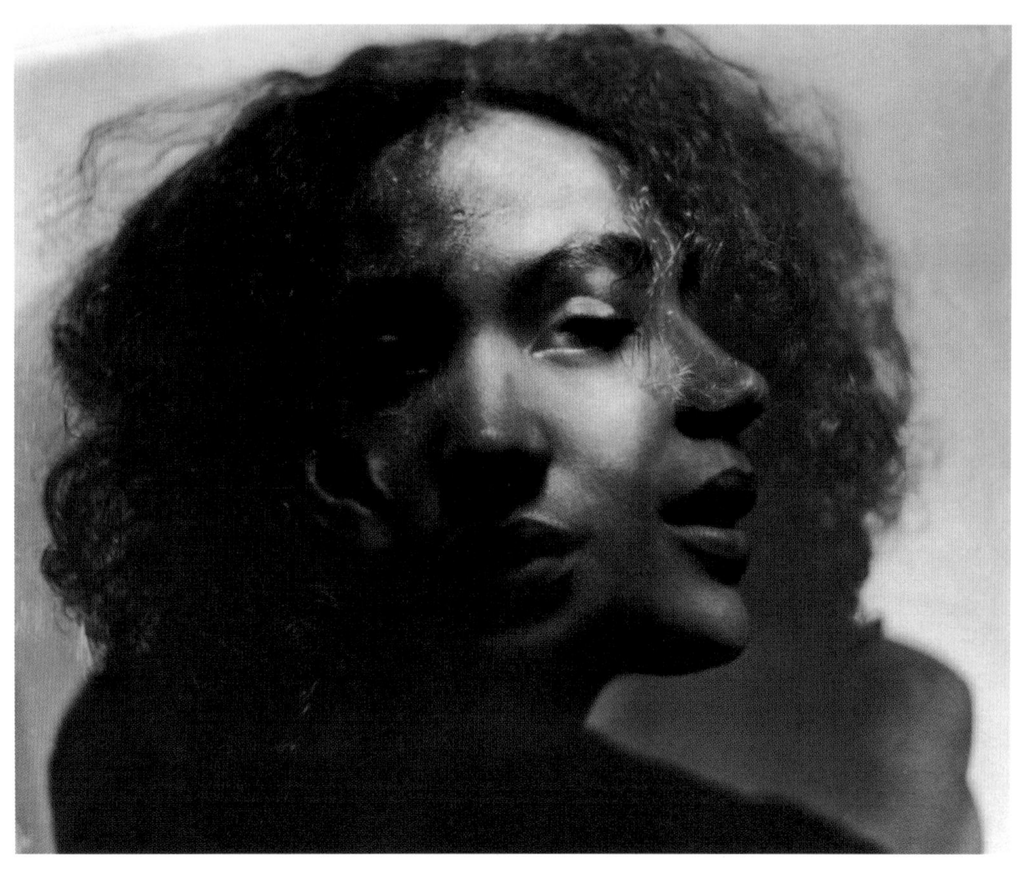

72 **Rita** 1942–43

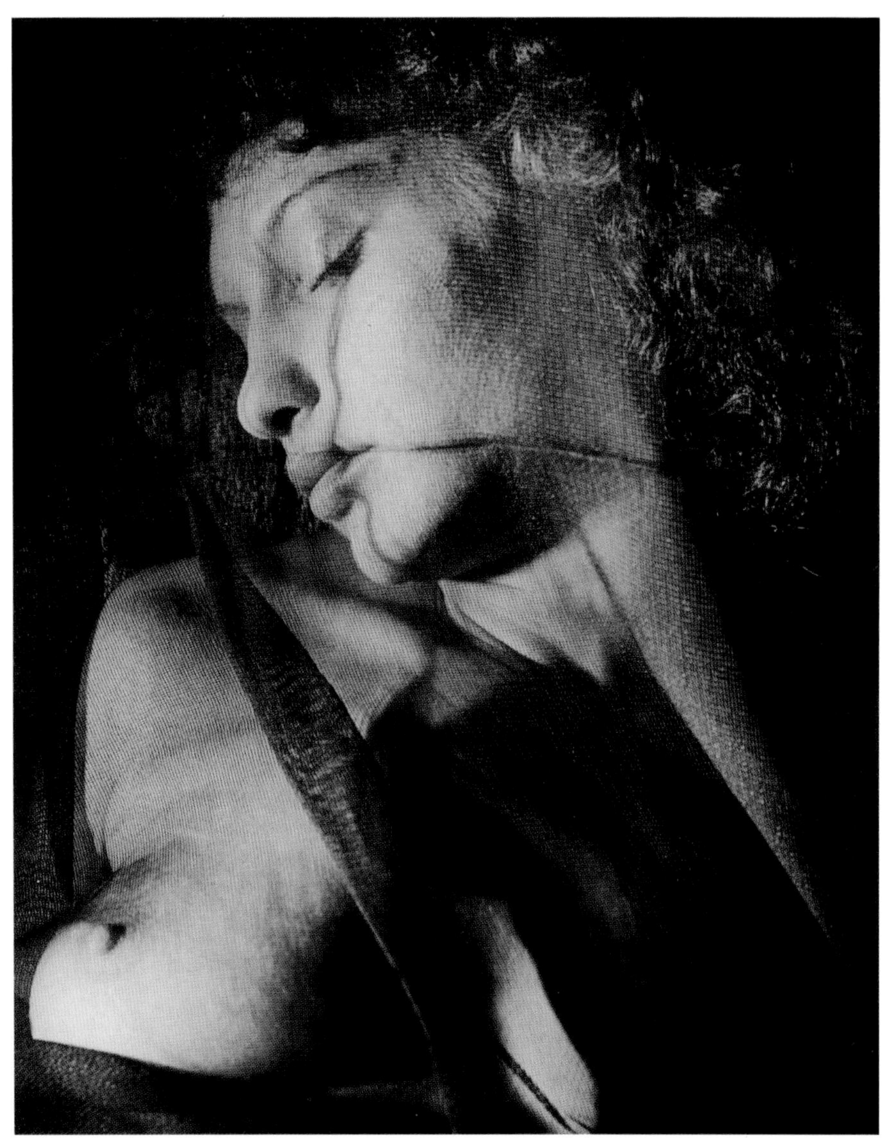

73 **Maya** 1942−43

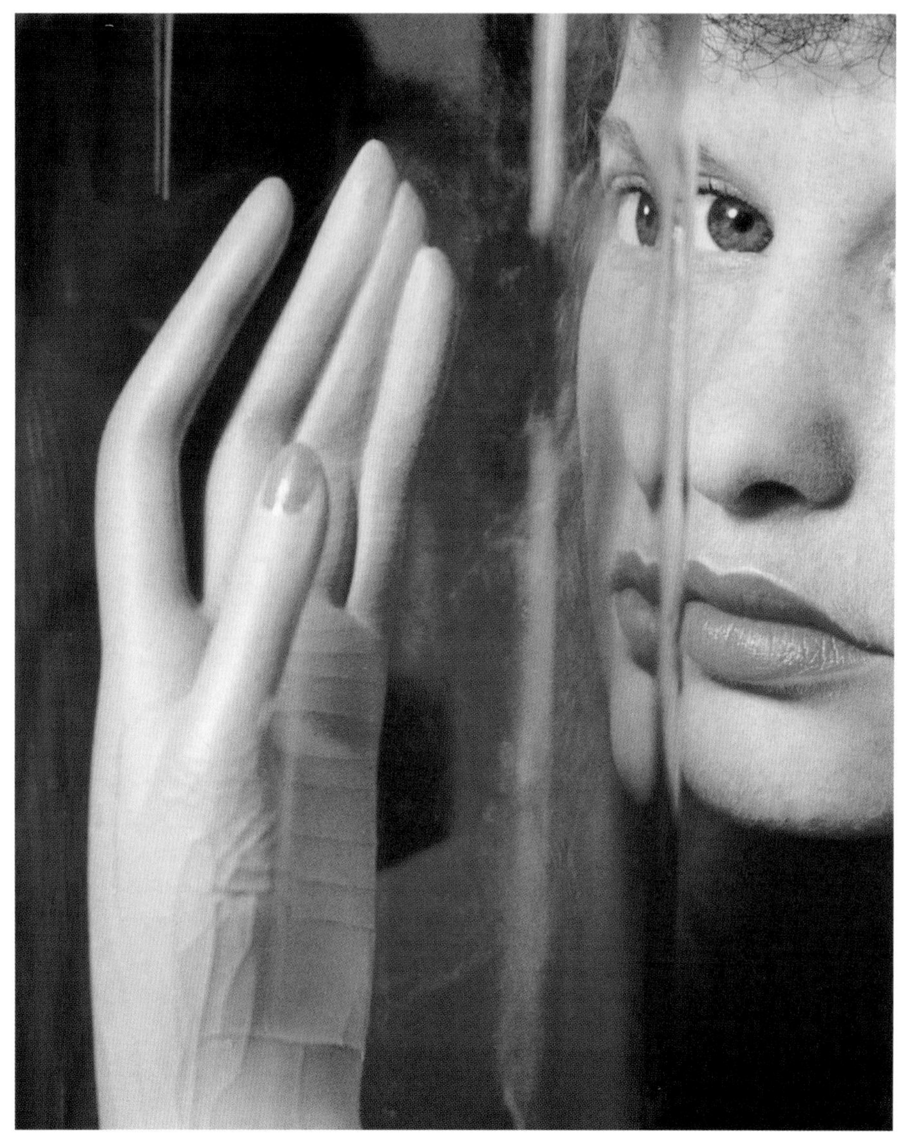

74 **Maya** 1942–43

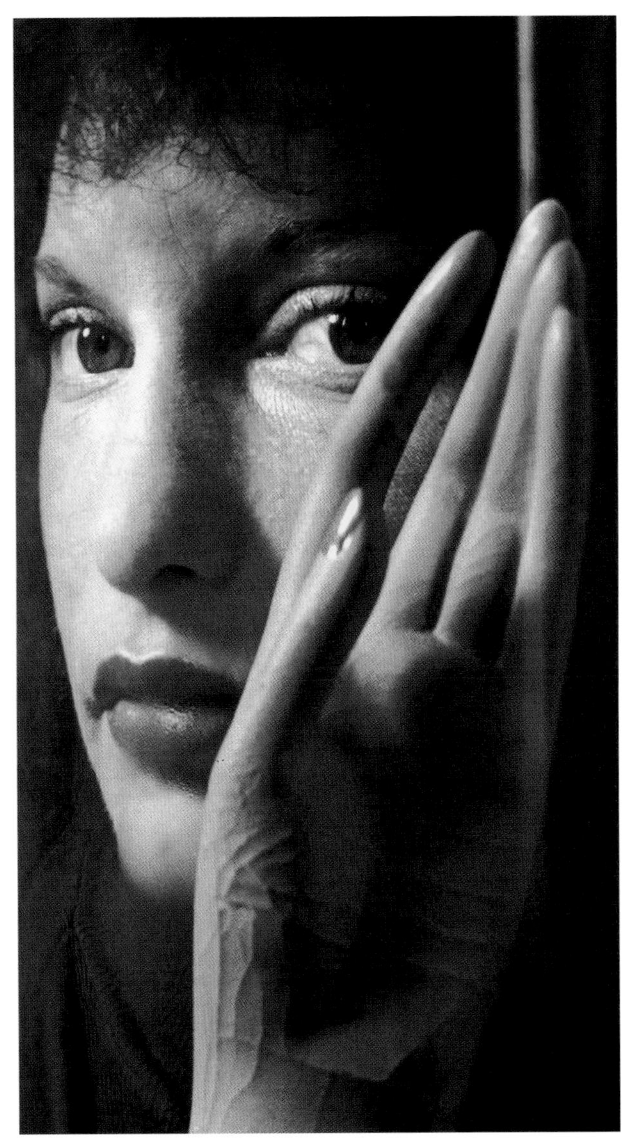

75 **Maya** 1942–43

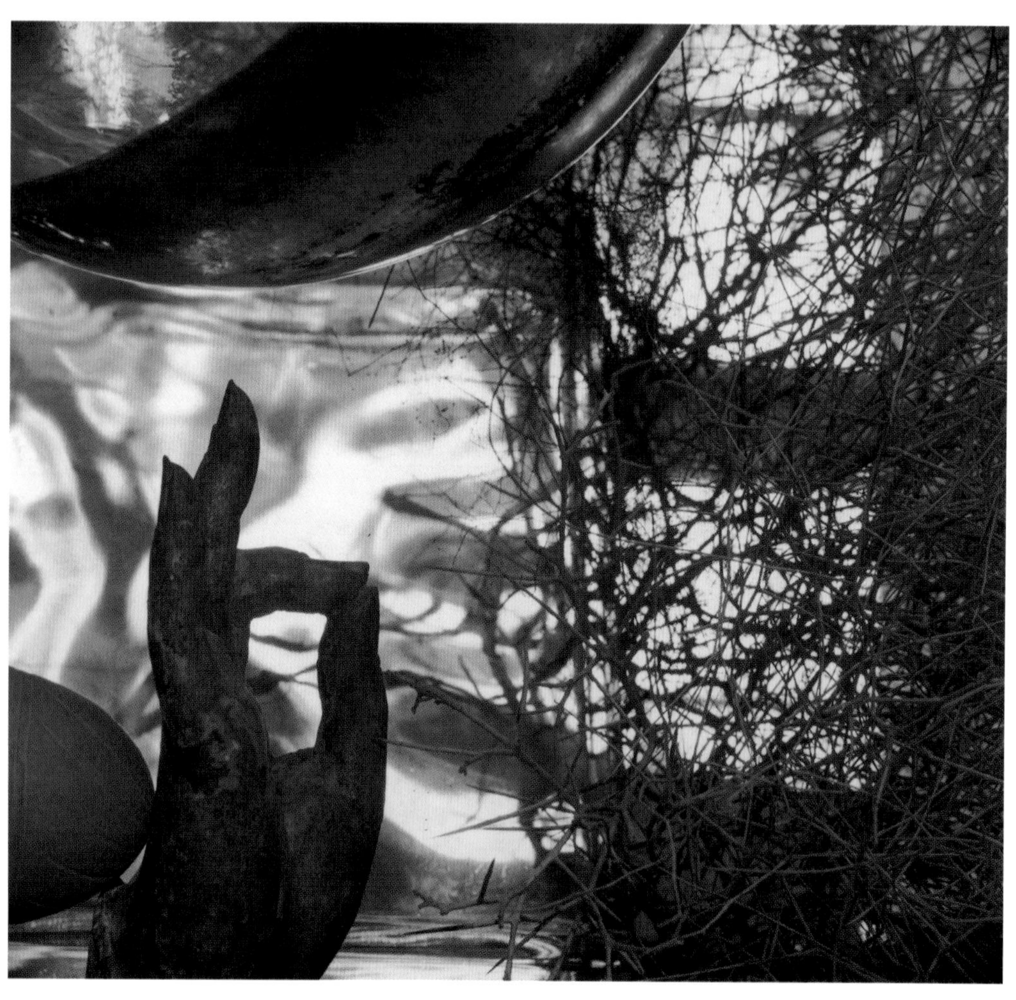

 At Galka Scheyer's / U Galky Scheyerové 1942–43

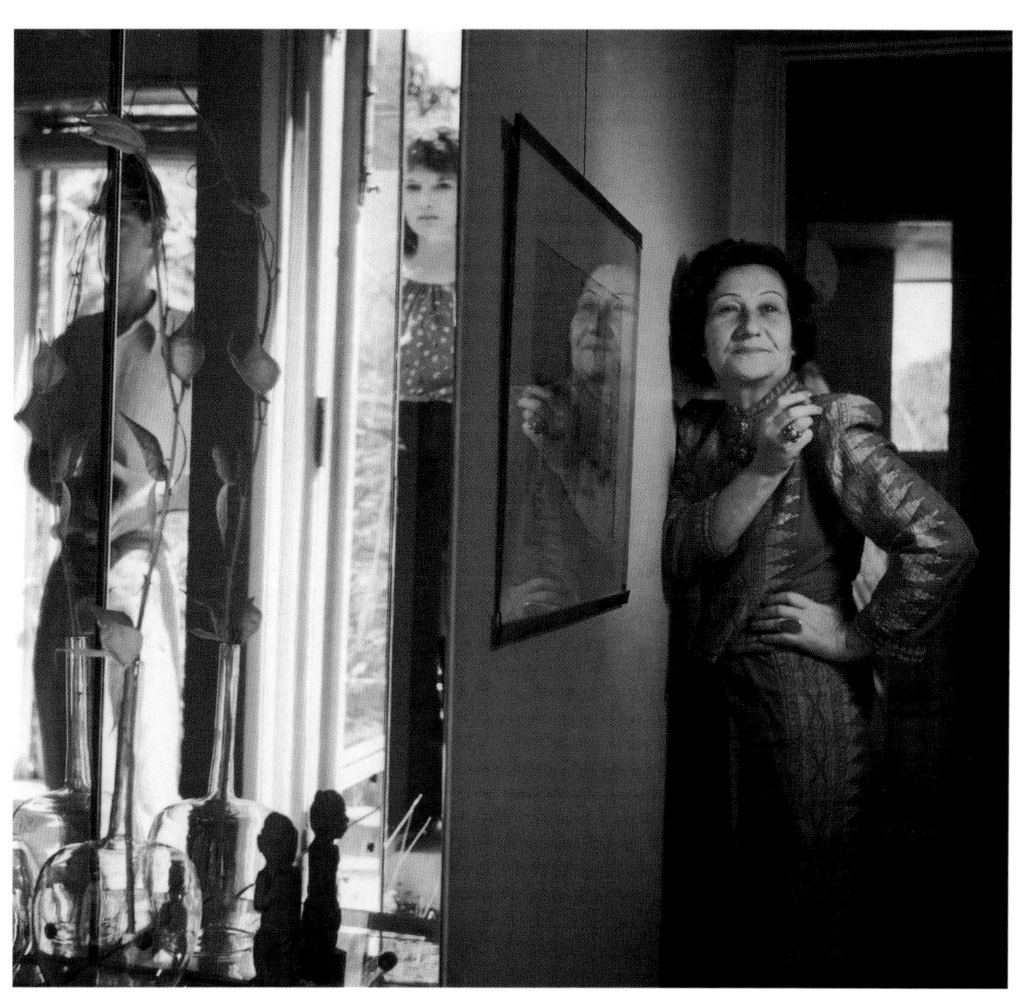

77 **Galka Scheyer / Galka Scheyerová** 1942–43

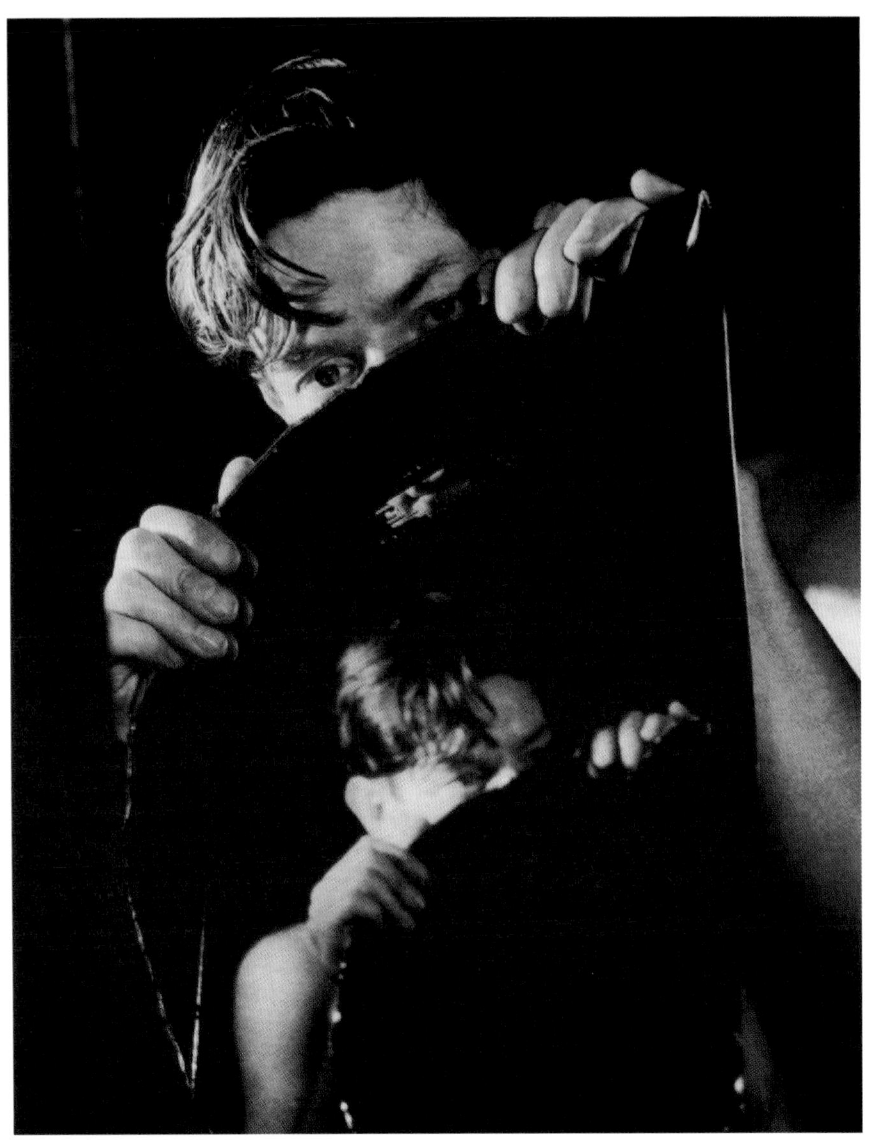

78 **Untitled / Bez názvu** 1942–43

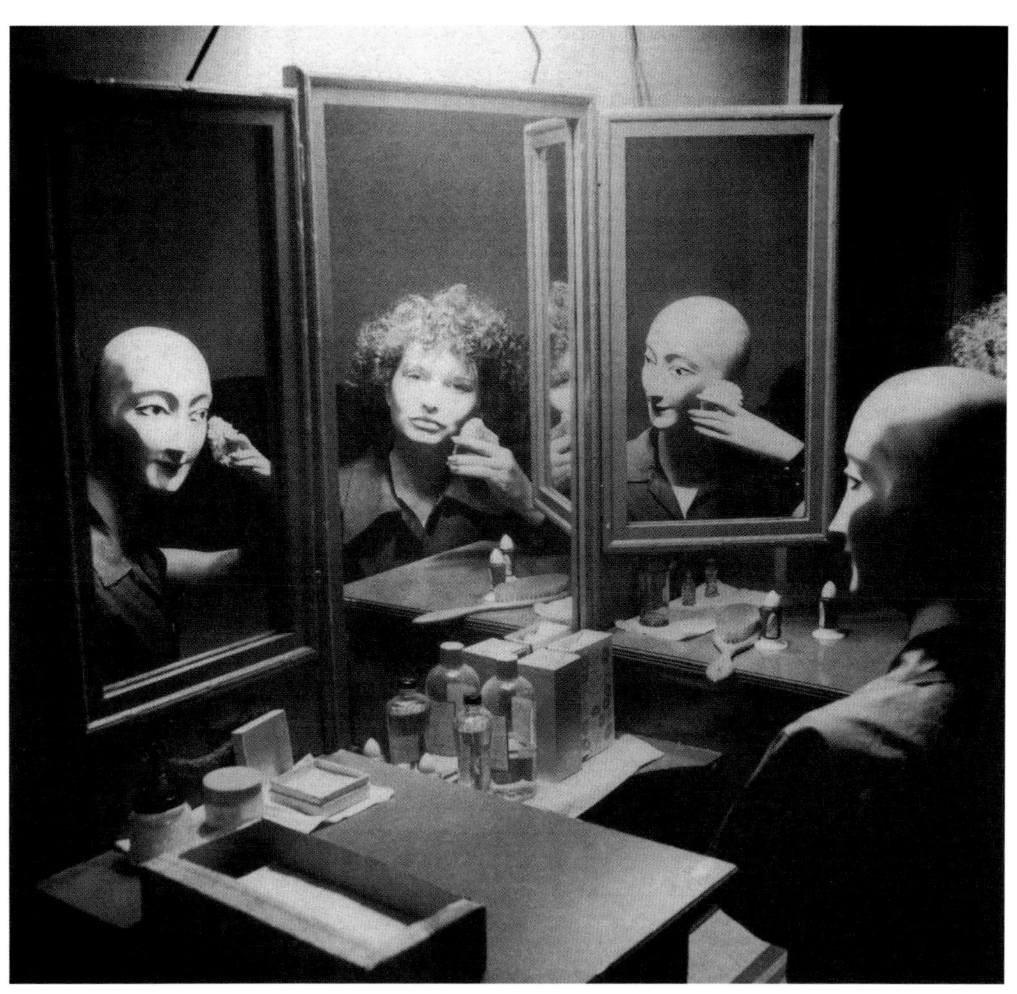

79 **Untitled / Bez názvu** 1942–43

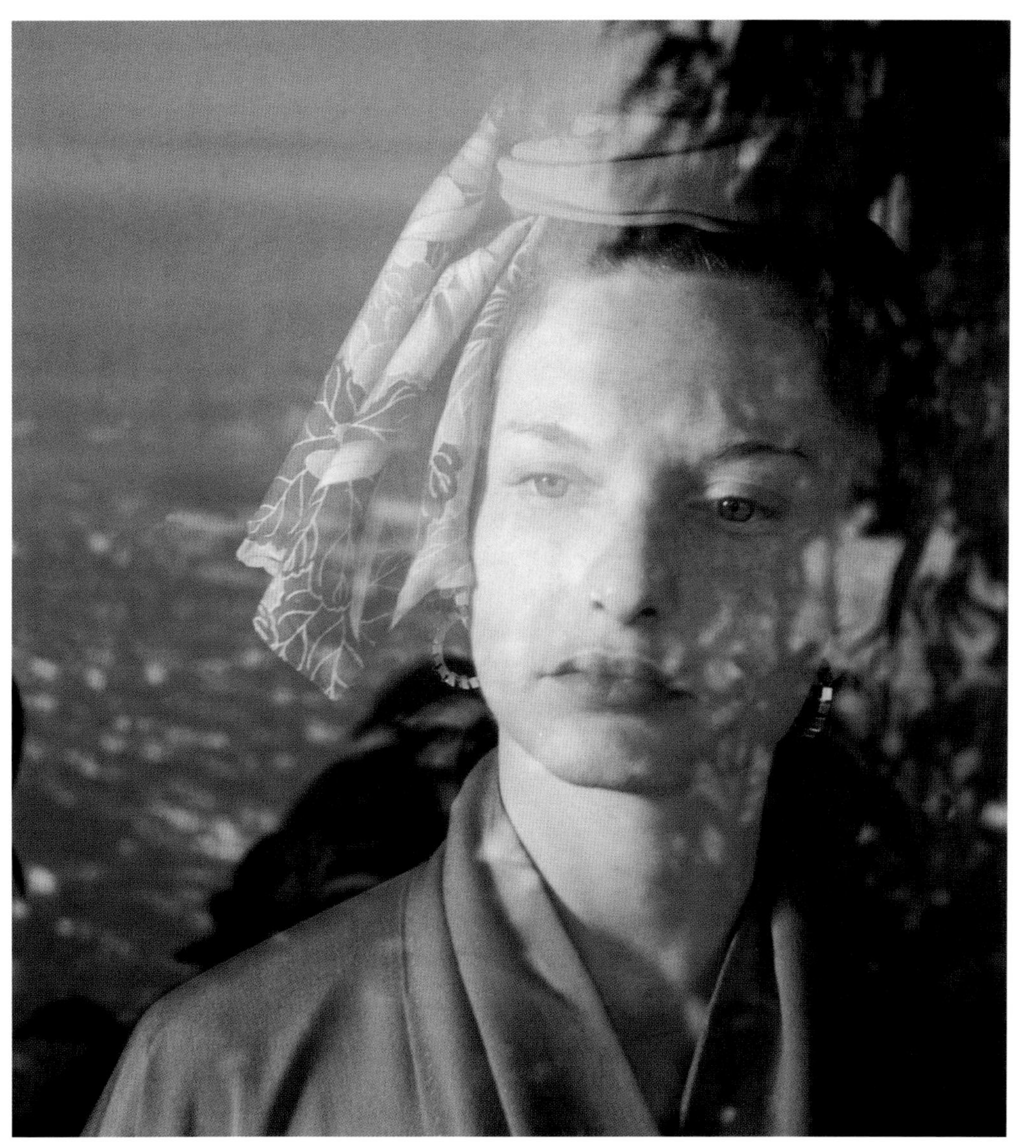

80 **Maya** 1942–43

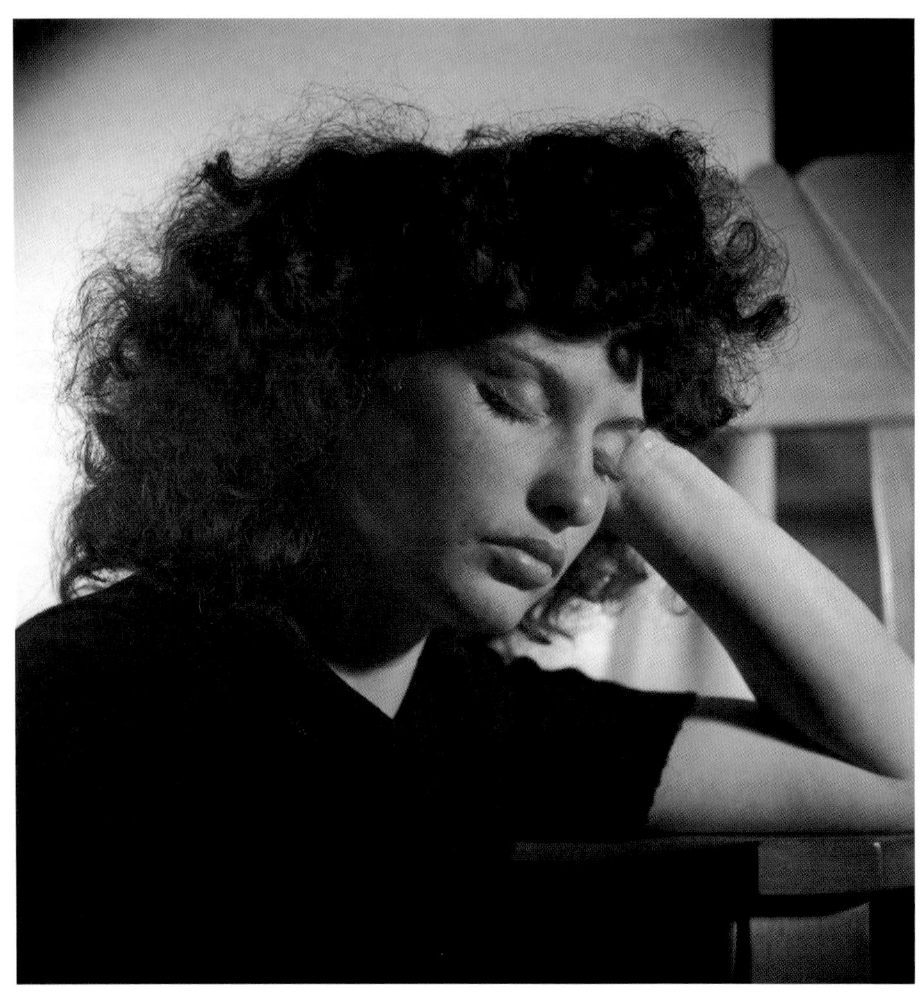

81 **Maya** 1942–43

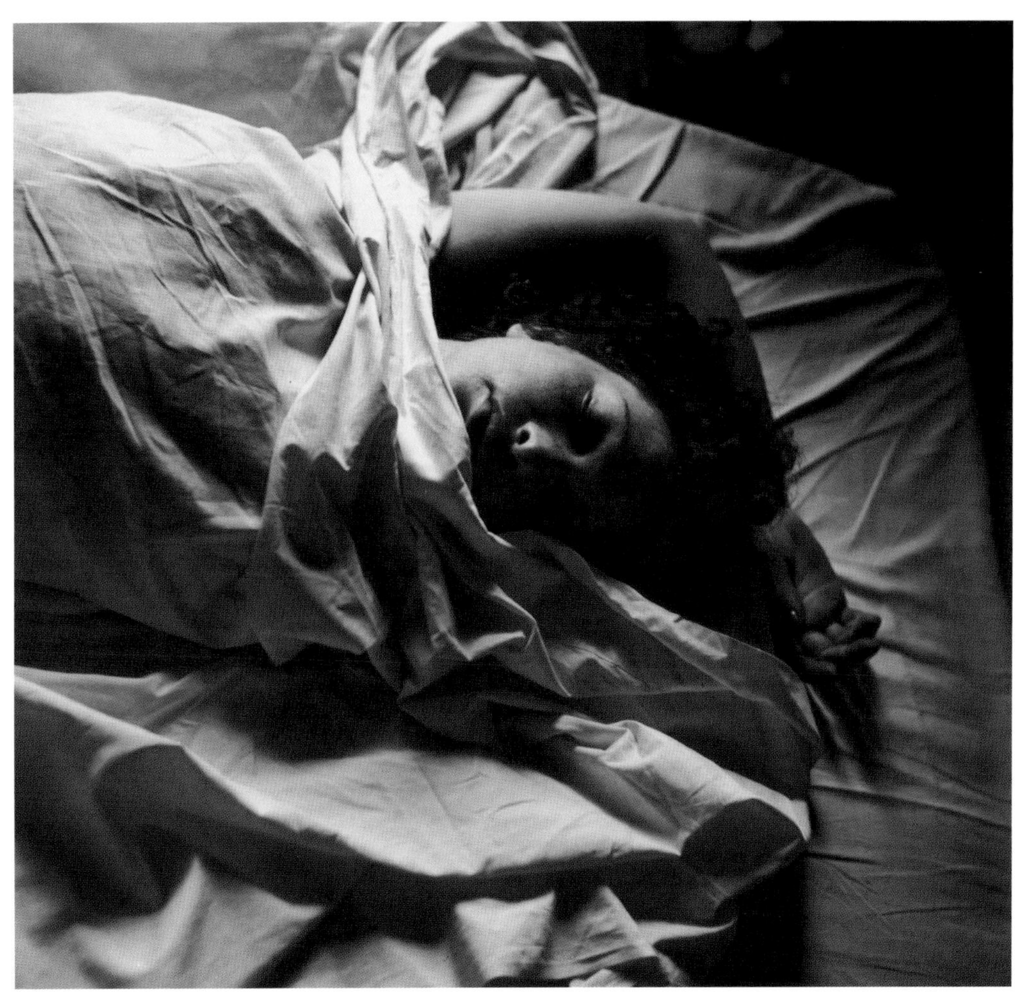

82 **Maya** 1947

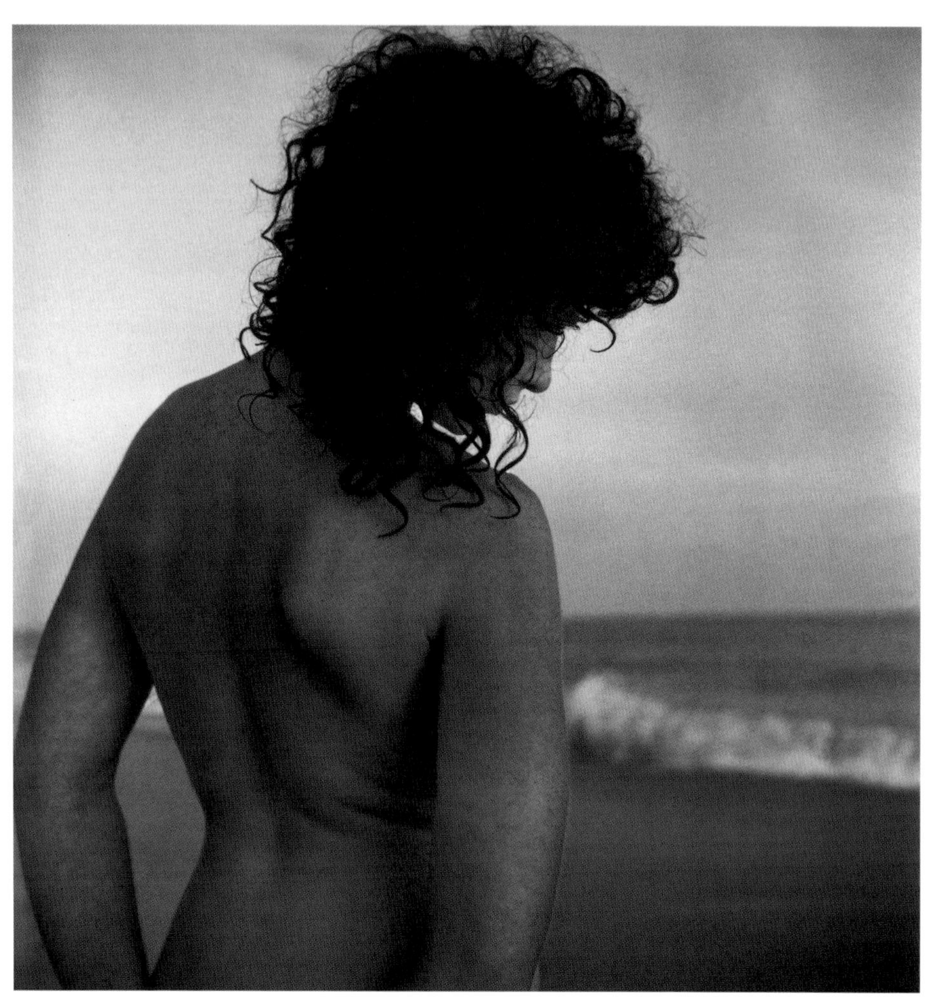

83 **Maya** 1944

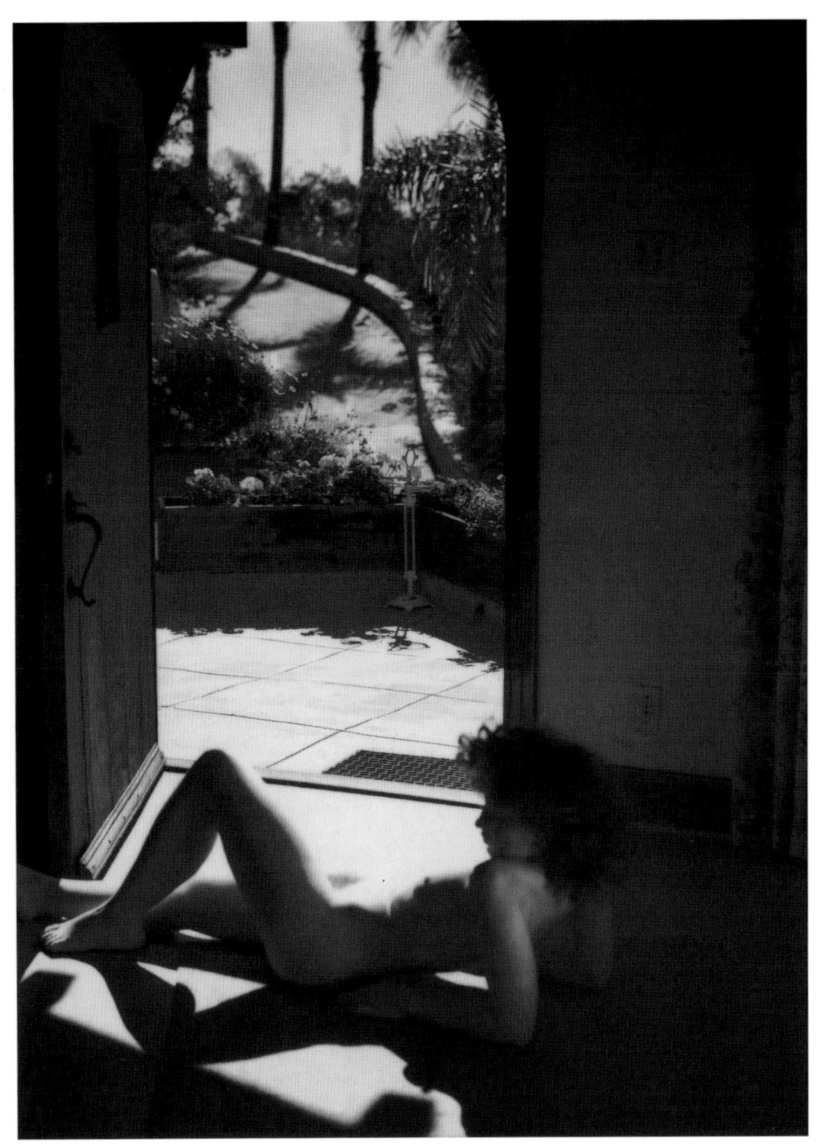

84 **Maya** 1943

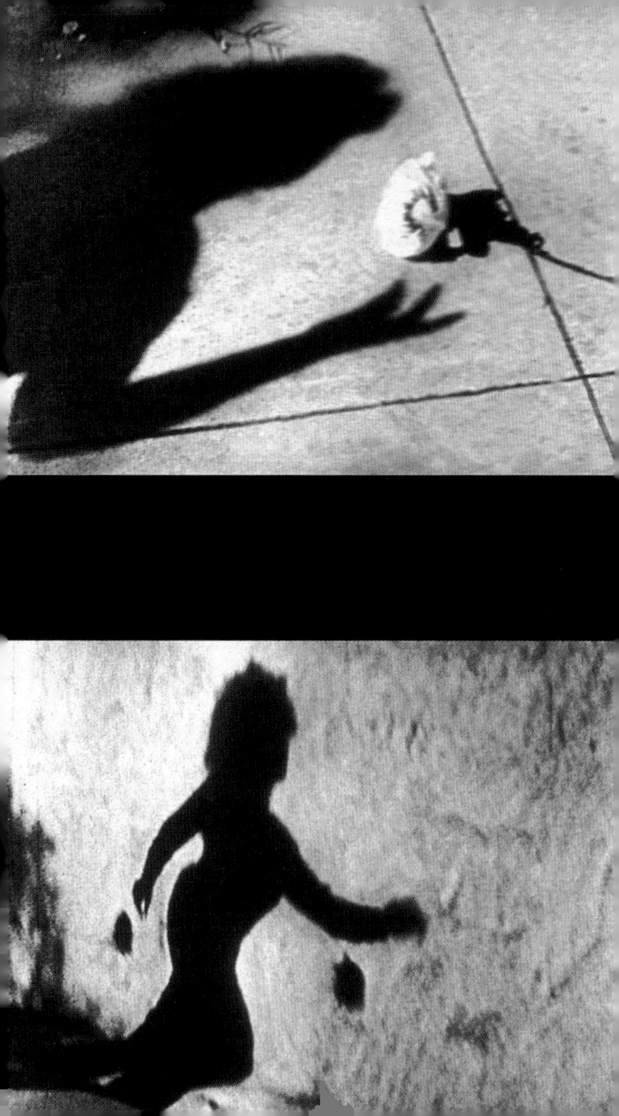

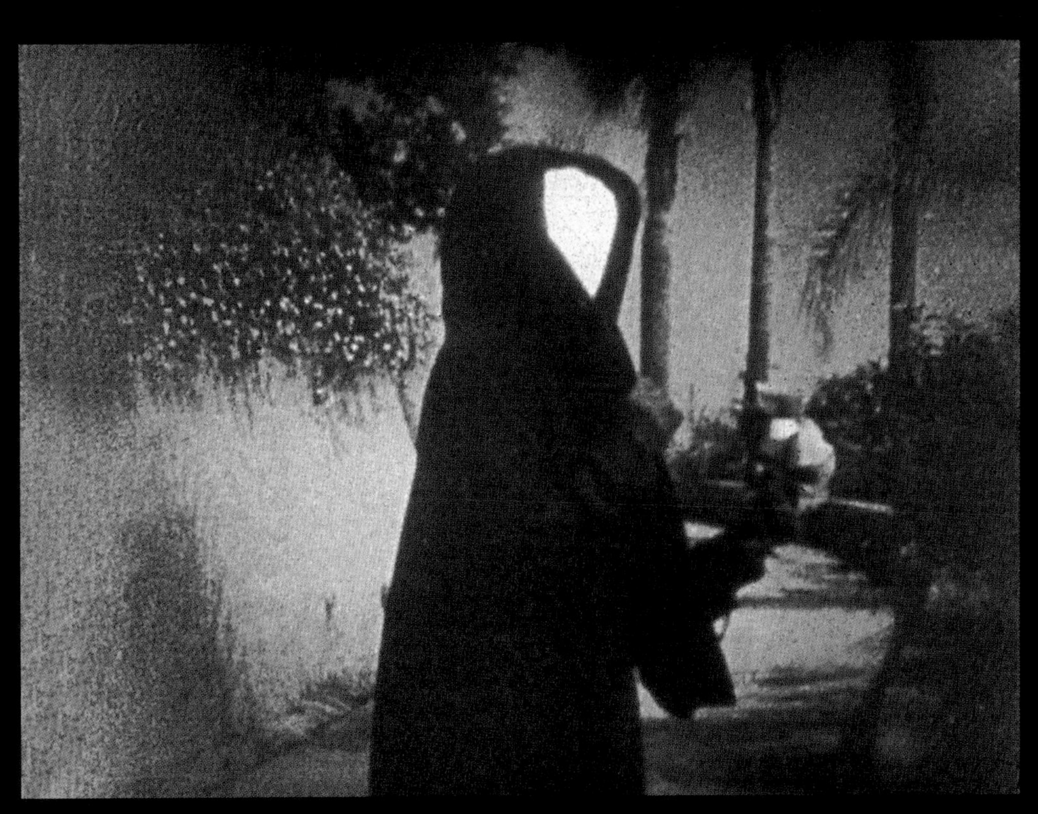

85–87 **Meshes of the Afternoon** 1943

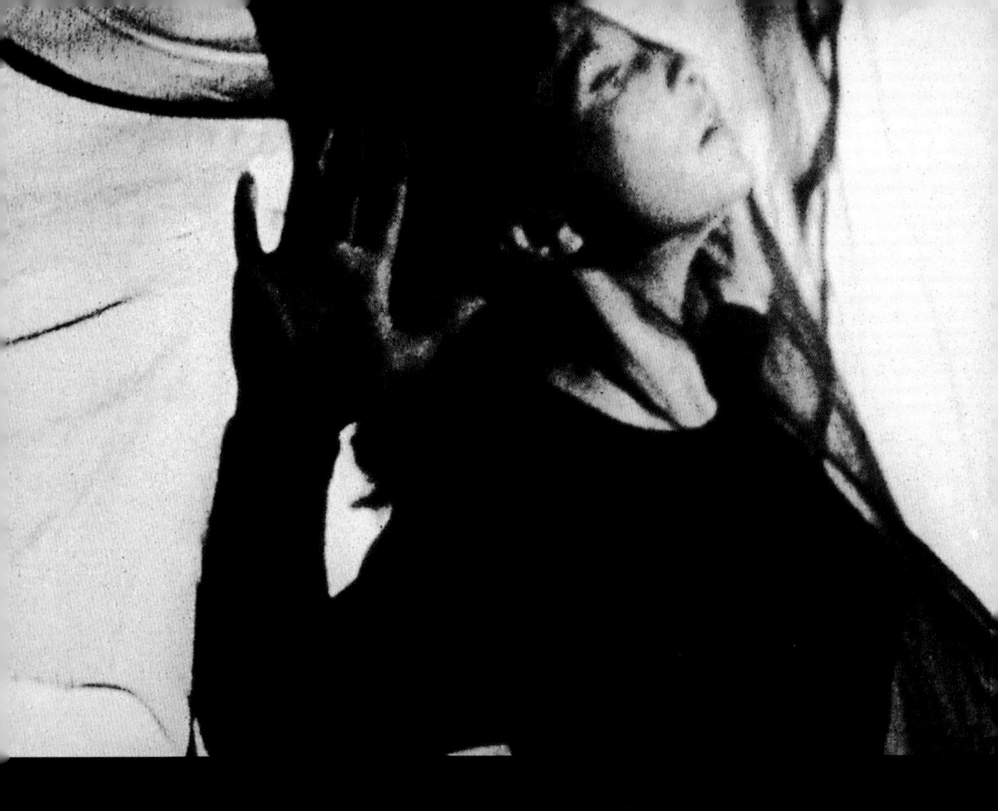

88, 90. **Meshes of the Afternoon**, 1943

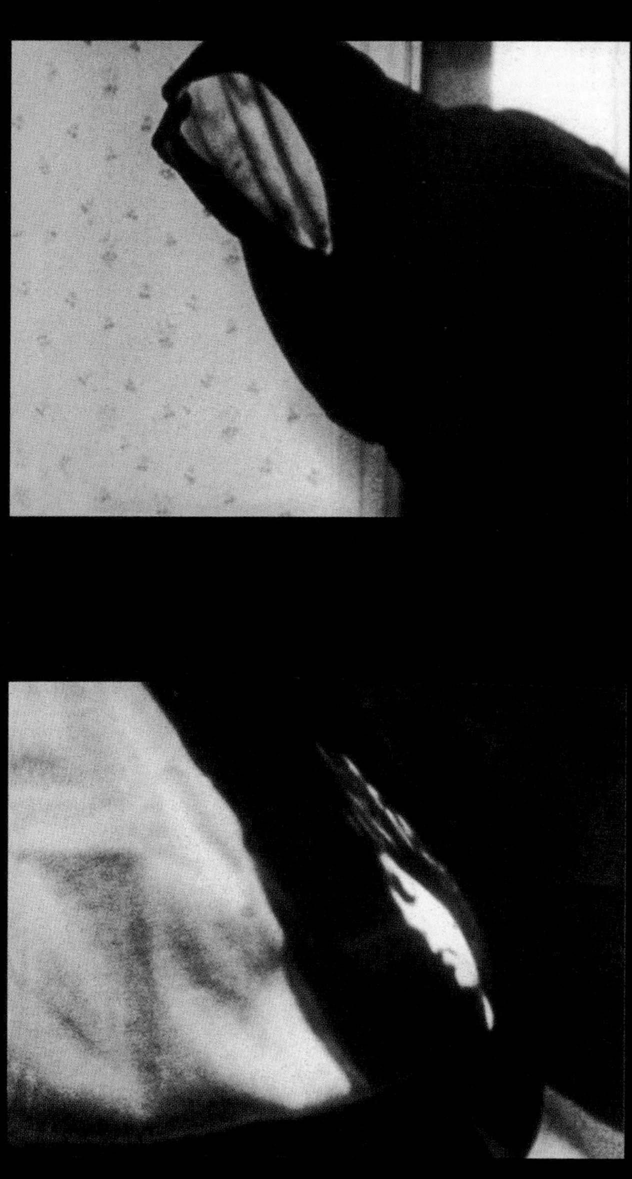

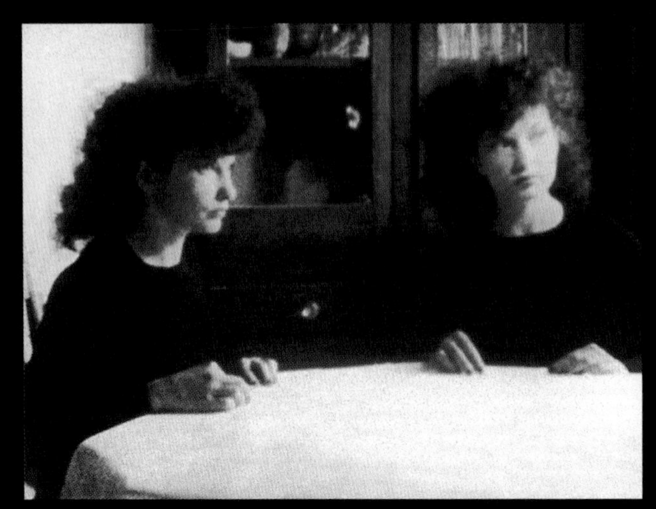

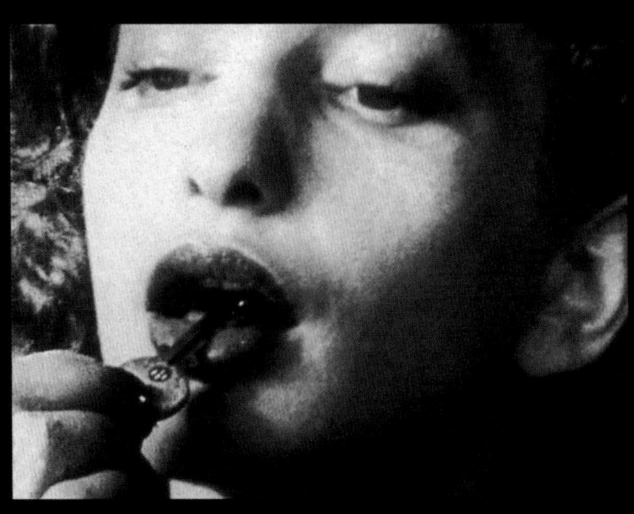

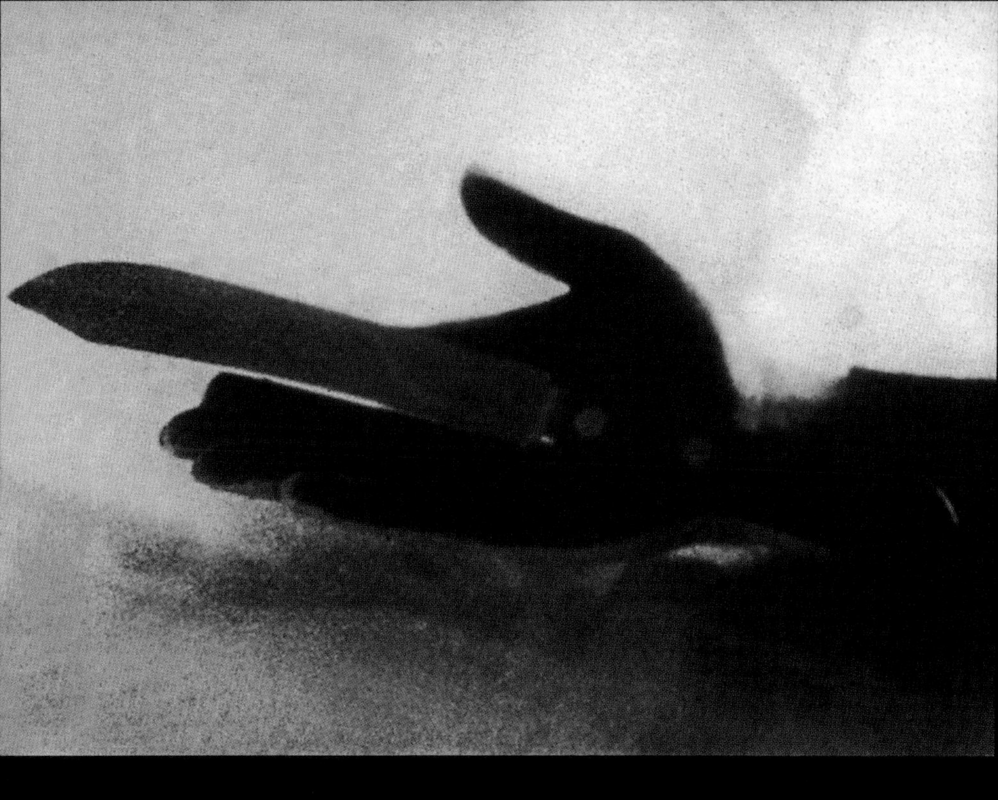

91–93 **Meshes of the Afternoon** 1943

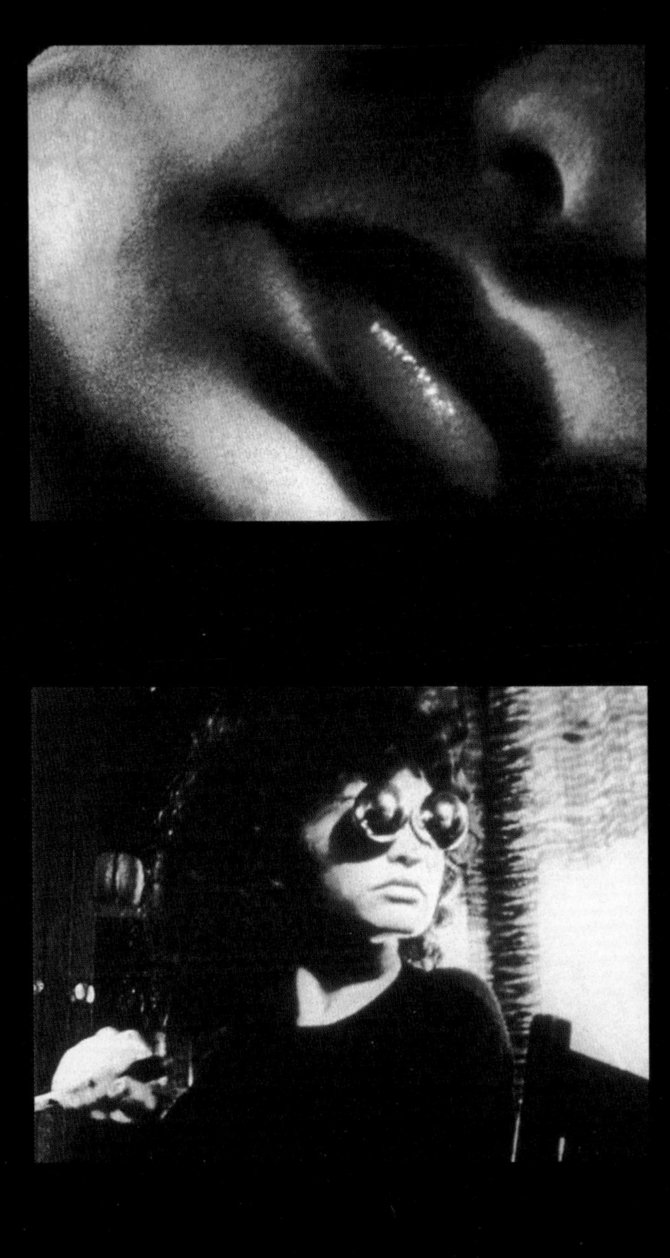

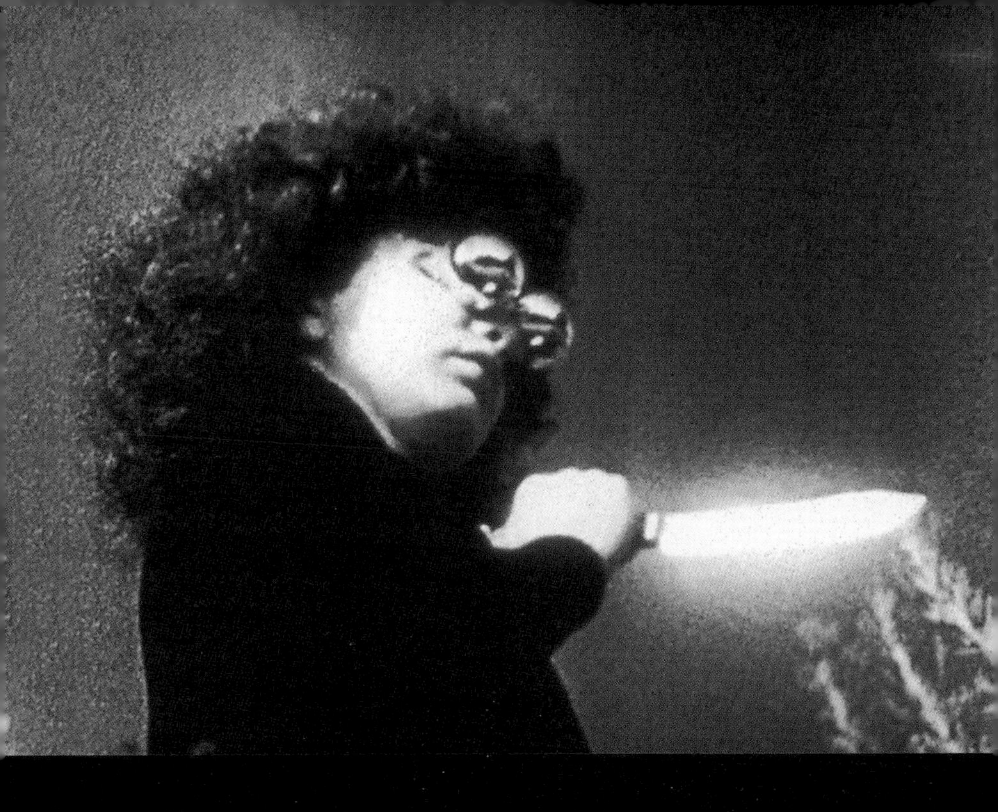

94–96 **Meshes of the Afternoon**, 1943

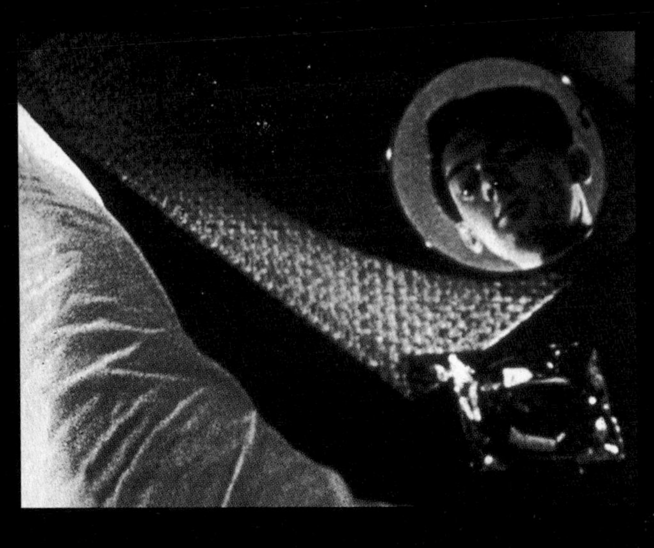

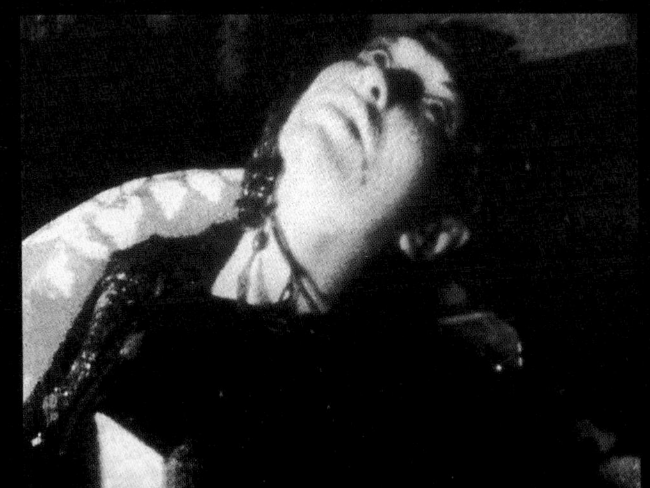

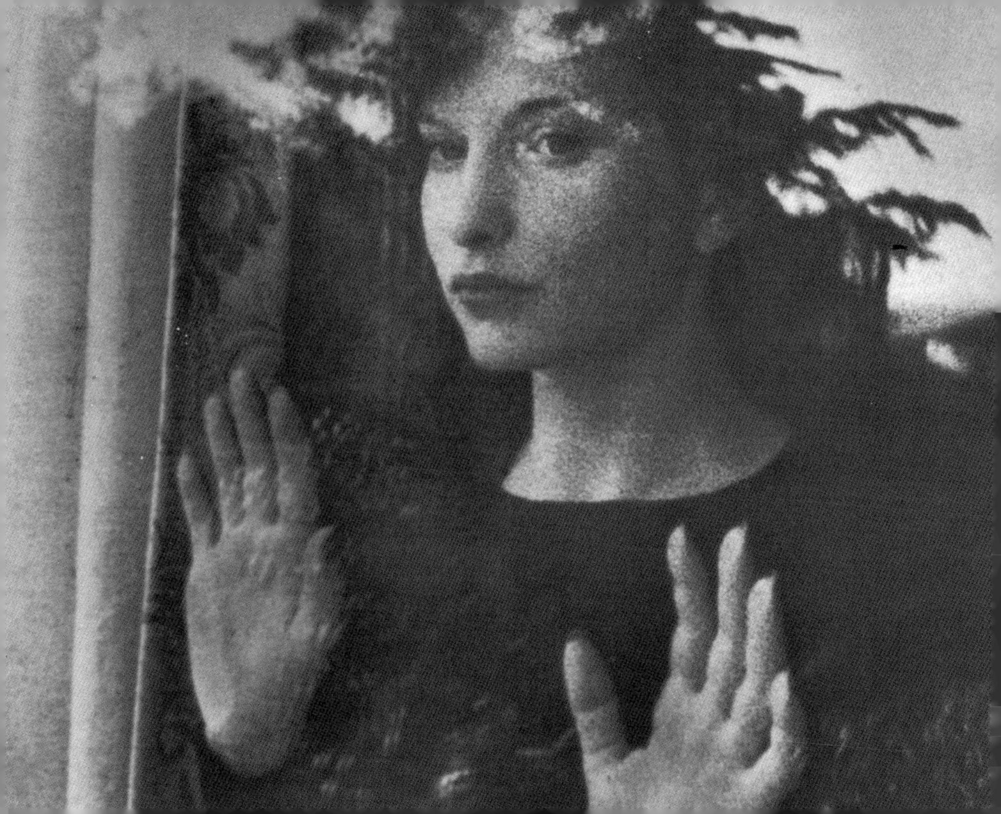

Biographical Chronology

1907   Born in Linz, Austria, on 17 December; from early childhood grew up in Prague.

1919   Attended high school in the Libeň district of Prague, and then continued in the Karlín district. Had already been interested in the fine arts, and began to take photographs when his uncle had given him a Voigtländer 6 x 9 cm camera.

1922   Bought a 9 x 12 cm camera and set up a dark room. At the same time he also developed an interest in motion-pictures and with his schoolmate L.E. Berka closely followed the work of leading filmmakers.

1927   Began study of architecture at the Czech Institute of Technology, but soon switched to art history at Charles University, Prague.

1928   Worked with Gustav Machatý as an artistic adviser on the film *Erotikon*.

1929   Visited the *Film und Fotografie* exhibition in Stuttgart, and published an article about it in *Fotografický obzor* [Photographic horizon]. Became a founding member of the Film-klub, and began to write about film for the illustrated weekly *Pestrý týden* and *Národní osvobození*.

1930   Organized the New Photography exhibition in Aventinská mansarda. Made his first film, *Bezúčelná procházka* [Aimless walk]. Organized Avant-garde Film Week at the Kotva cinema, Prague. Published his manifesto articles 'Nezávislý film - světové hnutí' [Independent film - a world movement] and 'Avantgarda žije' [The avant-garde is alive]. Worked as artistic adviser to Gustav Machatý on the film *Ze soboty na neděli* [From Saturday to Sunday].

1931   Organized the second exhibition of new photography as well as the second and third Avant-garde Film Week. First editing work on a sound film, in collaboration with Josef Kodíček, for the latter's adaptation of František Langer's *Obrácení Ferdyše Pištory* and the Čapeks' *Loupežník*.

1932   Made second film of his own, *Na Pražském hradě* [Prague Castle], in close collaboration with the composer of the sound track, striving for a true marriage of image and music. On the same principle, edited the film *Zem spieva* [The Earth sings], which was photographed by Karel Plicka and produced by Ladislav Kolda.

1934   Made three promotional films about the Bohemian spas Karlovy Vary (Karlsbad), Jáchymov (Joachimsthal), and Mariánské Lázně (Marienbad). Collaborated as a cameraman on Otakar Vávra's *Listopad* [November]. Thanks to the film *Zem spieva*, Czechoslovak cinematography was acknowledged with the Venice Cup, at the Venice Film Festival.

1935   Left for Zlín, Moravia, early that year to work in the film department of the Baťa shoe factory. Attended the first Soviet film festival in Moscow.

1936   Traveled to the USA (New York, Chicago, and Los Angeles) with colleagues from Zlín, Ladislav Kolda, František Pilát, and Elmar Klos, to purchase film equipment for a new studio in Zlín; made a series of photographs during the trip.

1937   Collaborated on the film advertisement *Silnice zpívá* [The highway sings], which won the Gold Medal at the Paris Exhibition. Took photographs and filmed Jan Baťa's journey to India; shots taken there and in Ceylon were later edited into three separate films - *Chudí lidé* [Poor people], *Řeka života a smrti* [River of life and death] and *Vzpomínka na ráj* [Memories of paradise].

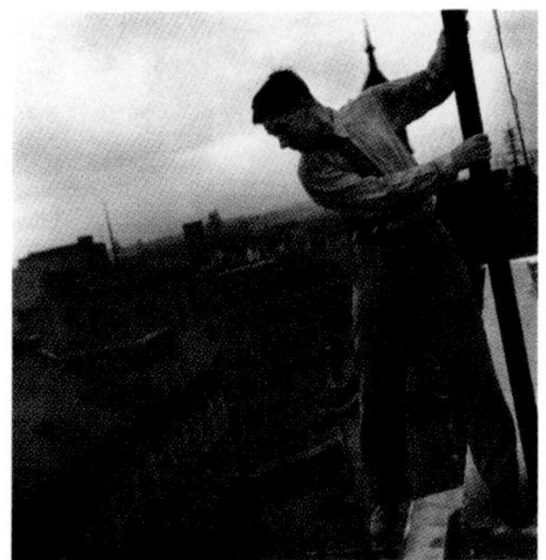

A. H., Prague, c. 1934–35

1938   In the spring, began to work with the American producer Herbert Kline on the film *Crisis* about the political situation in the Sudetenland region of Czechoslovakia.

1939   In February left for Paris. *Crisis* premiered in New York on 13 March, two days before the German occupation of Bohemia and Moravia. With Kline, filmed *Lights Out in Europe*, about the pre-war atmosphere in England. At Christmas, left London for New York.

1940   Worked in Mexico with Kline on *The Forgotten Village*, a film based on a screenplay by John Steinbeck.

1941   Early in the year, edited *The Forgotten Village* in Los Angeles. Worked briefly as a technical adviser for the Paramount studio.

1942   In May, met Eleanora Deren (Derenkowsky), and three months later they wed; the newlyweds became close friends with Galka Scheyer, a German collector and promoter of modern art. Taught his wife how to take photographs, and made numerous portrait studies of her.

1943   In January, had a one-man photography exhibition in the Pasadena Institute of Art, which in March opened in the American Contemporary Gallery, Hollywood. In the spring, together with Deren, made the film *Meshes of the Afternoon*. In May, they moved to New York, settling in Greenwich Village. Began to work as a director and maker of documentary films for the Office of War Information (OWI), for which he made the *Valley of the Tennessee*, and three others films, the last one, in 1945, being *The Hymn of the Nations* with Arturo Toscanini conducting.

1944   Took part in the filming and editing of Deren's own first film, *At Land*. Her cameraman on this film, as well as on the other two by Deren, was the photographer Hella Heyman, whom Hackenschmied had initiated into work with the motion-picture camera.

1945   Made the film *The Private Life of a Cat*. Worked with Deren on the film *A Study in Choreography for Camera*.

1946   Was granted American citizenship and shortened his name to Hammid. Helped Deren to make her third independent film *Ritual in Transfigured Time*.

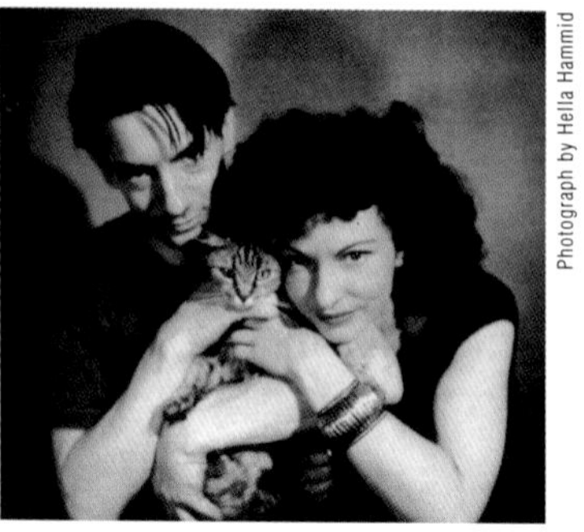

A. H. and Maya Deren, c. 1944–45

1947   Divorced Deren. She won the Grand Prix Internationale in the avant-garde film category at the Cannes International Film Festival.

1948   Married photographer Hella Heyman.

1950   A daughter, Julie, born.

1951   Made a short fiction film *The Gentleman in Room No. 8.*

1952   A son, Tino, born. Began to work as a director and editor for the film department of the United Nations, where he remained for two years. Head of Production was Thorold Dickinson.

1954   Made *Workshop for Peace* for the UN.

1958   Director of two parts of a four-part United Nations film, *Power among Men.*

1960   Made *Night Journey*, documenting a stage production of the Martha Graham dance company, and a film record of *Pablo Casals Master Class* as well as *Jasha Heifetz Master Class* for National Educational TV.

1961   Maya Deren died unexpectedly of a stroke.

1962   Began his long collaboration with his friend the filmmaker Francis Thompson, known for, among other things, multi-screen films for exhibitions.

1963   With Thompson made the multi-screen film *To Be Alive*, which was presented at the New York World's Fair.

1964   With Thompson made *To the Fair!*, a film about the New York World's Fair.

1966   With Thompson won an Oscar for *To Be Alive*; for EXPO 67, Montreal, they made *We Are Young*, a film about Canada, which was projected on six screens.

1967   With Thompson made the multi-screen film *US*, which was presented at the HemisFair World's Fair, in San Antonio, Texas, 1968.

1972   With Thompson made a film about the founding of the city of Washington, *City Out of Wilderness.*

1973   The Czechoslovak Film Institute, Prague, published a monograph by Jaroslav Brož about his films.

1976	Edited Thompson's *To Fly* and *American Years*, which were made with the IMAX system for a giant screen; between 1976 and 1986 he made five films with this technology.
1979	In the prestigious journal *Film Culture*, the American historian Thomas A. Valasek published an extensive article on Hackenschmied, and was the first to acknowledge fully Hackenschmied's important role in *Meshes of the Afternoon* and his contribution to other films by Maya Deren.
1980	Worked as a co-editor on *The Living Planet*, filmed in the IMAX format.
1981	The Moravian Gallery in Brno organized an exhibition, Czech Photography, 1918-38, which re-discovered Hackenschmied's fundamental contribution to Czech avant-garde photography. (Its curators were Antonín Dufek and Jaroslav Anděl.)
1986	On the occasion of the recording of the music for the IMAX film *On the Wings*, visited his native country for the first time in almost fifty years.
1988	Together with Thompson, retired; their company, Francis Thompson Inc., closed down.
1989	The Anthology Film Archives, New York, presented the first retrospective of his films (the curator was Catrina Neiman). His photography from the period between the two world wars was first presented in larger quantity at the *Aventinské trio* (Hackenschmied, Berka, Lehovec) exhibition, which was organized by the Moravian Gallery in Brno (the curator was Antonín Dufek). His photographs and films were part of the first show of Czech modern art in the USA, which was organized by the Museum of Fine Arts, Houston. (The curators were Jaroslav Anděl, Anne Tucker, Alison de Lima Green, Ralph McKay, and Willis Hartshorn.)
1997	Czech Television presented Martina Kudláčková's film about Hackenschmied, *Bezúčelná procházka – Alexandr Hammid*, which was made in1996. The Moravian Gallery in Brno organized a one-man exhibition of his work; the curator was Antonín Dufek. The Prague gallery of Jiří Jaskmanický published a portfolio of Hackenschmied's photographs from 1939-48.
1999	In the South-east Moravian Museum in Zlín, an exhibition of his photographs was held. The Goethe Institute in Bratislava presented an exhibition of his work together with the work of Hella and their son Tino. The Béla Balász studio in Budapest has been preparing the most complete retrospective so far of Hackenschmied's film work.

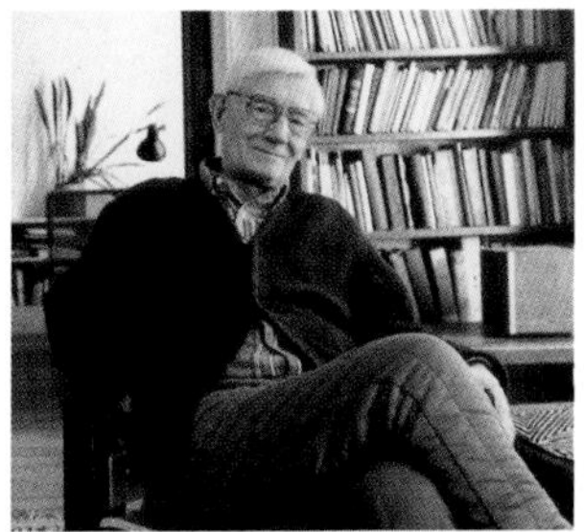

A. H., New York, 1997

Životopisná data

1907   Narodil se 17. prosince v Linci, od nejútlejšího dětství však vyrůstal v Praze.

1919   Začíná navštěvovat gymnázium v Libni a brzy nato reálku v Karlíně. Od dětských let se zajímá o výtvarné umění a začíná fotografovat poté, co mu jeho strýc daruje fotoaparát Voitgländer 6 x 9 cm.

1922   Kupuje si kameru 9 x 12 cm a zařizuje si temnou komoru. Souběžně s fotografováním se rozvíjí jeho zájem o film. Se svým spolužákem L. E. Berkou vyhledává díla vůdčích režisérů.

1927   Studuje architekturu na Českém vysokém učení technickém a navštěvuje přednášky z dějin umění na Karlově univerzitě.

1928   Spolupracuje jako výtvarný poradce s Gustavem Machatým na filmu Erotikon.

1929   Navštěvuje výstavu Film und Fotografie ve Stuttgartu a publikuje o ní článek ve Fotografickém obzoru. Stává se zakládajícím členem Film-klubu, začíná psát o filmu do Pestrého týdne a Národního osvobození.

1930   Organizuje výstavu Nová fotografie v Aventinské mansardě. Natáčí svůj první film Bezúčelná procházka. Organizuje týden avantgardního filmu v kině Kotva. Publikuje programové články Nezávislý film - světové hnutí a Avantgarda žije. Spolupracuje jako výtvarný poradce s Gustavem Machatým na filmu Ze soboty na neděli.

1931   Organizuje druhou výstavu nové fotografie a druhý a třetí týden avantgardního filmu. Poprvé stříhá zvukové filmy jako spolupracovník Josefa Kodíčka na jeho filmové adaptaci hry Františka Langra Obrácení Ferdyše Pištory a Loupežníka bratří Čapků.

1932   Vytváří svůj druhý autorský film Na Pražském hradě a úzce v něm spolupracuje se skladatelem hudebního doprovodu na skloubení filmového obrazu s hudbou. Na podobném principu je založen i film Zem spieva, který vytváří s Karlem Plickou na podnět producenta Ladislava Koldy.

1934   Natáčí tři propagační filmy o českých lázních - Karlových Varech, Jáchymově a Mariánských Lázních. Jako kameraman spolupracuje na filmu Otakara Vávry Listopad. Za film Zem spieva získává československá kinematografie na Benátském filmovém festivalu Pohár města Benátck.

1935   Na počátku roku odchází pracovat do Zlína pro filmové oddělení Baťových podniků. Navštěvuje první sovětský filmový festival v Moskvě.

1936   Cestuje se svými zlínskými spolupracovníky L. Koldou, F. Pilátem a E. Klosem do USA (New York, Chicago, Los Angeles). Nakupuje filmové zařízení pro nové zlínské studio a během cesty vytváří sérii fotografií.

1937   Je spoluautorem reklamního filmu Silnice zpívá, který získává zlatou medaili na Světové výstavě v Paříži. Fotografuje a filmuje cestu Jana Bati do Indie, natáčí zde a na Cejlonu materiál později sestříhaný do tří samostatných filmů - Chudí lidé, Řeka života a smrti a Vzpomínka na ráj.

1938   Na jaře začíná pracovat s americkým producentem Herbertem Klinem na filmu Crisis (Krize) o politické situaci v sudetském pohraničí.

1939   V únoru odjíždí do Paříže. Krize má premiéru v New Yorku 13. 3. 1939, den před
        rozbitím druhé Československé republiky. S Herbertem Klinem natáčí Lights Out
        in Europe (Světla zhasínají v Evropě) o předválečné situaci v Anglii. O Vánocích odjíždí
        z Londýna do New Yorku.

1940   V Mexiku pracuje s Herbertem Klinem na filmu The Forgotten Village (Zapomenutá
        vesnice) podle scénáře Johna Steinbecka.

1941   Na začátku roku stříhá The Forgotten Village (Zapomenutá vesnice) v Los Angeles.
        Pracuje tam jako technický poradce studia Paramount.

1942   V květnu se seznamuje s Eleanorou Derenovou (Derenkowsky) a po třech měsících
        uzavírají sňatek. Novomanželé se úzce spřátelí s Galkou Scheyerovou, německou
        sběratelkou a propagátorkou moderního umění. Učí svou ženu fotografovat a současně
        vytváří četné portrétní studie.

1943   V lednu pořádá samostatnou výstavu fotografií v Pasadena Institute of Art, její repríza
        se v březnu koná v American Contemporary Gallery v Hollywoodu. Na jaře společně
        s Derenovou vytváří film Meshes of the Afternoon (Odpolední osidla). V květnu
        se stěhují do New Yorku a usazují se v Greenwich Village. Začíná pracovat jako režisér
        dokumentarista Úřadu pro válečné informace (OWI). Natáčí pro něj Valley of the
        Tennessee (Údolí řeky Tennessee) a do roku 1945 další tři filmy včetně Hymny národů
        s dirigentem Arturem Toscaninim (1945).

1944   Podílí se na natáčení a sestřihu prvního samostatného filmu M. Derenové At Land
        (Na souši). Kameramankou filmů Derenové je fotografka Hella Heymanová, kterou
        Hackenschmied zasvětil do práce s filmovou kamerou.

1945   Natáčí film The Private Life of a Cat (Soukromý život kočky). Spolupracuje s M. Derenovou
        na jejím filmu A Study in Choreography for Camera (Choreografická studie pro kameru).

1946   Získává americké občanství a zkracuje své jméno na Hammid. Pomáhá Derenové vytvo-
        řit její třetí samostatný film Ritual in Transfigured Time (Rituál v proměněném čase).

1947   Rozvádí se s Derenovou. Derenová získává za své filmy Grand Prix Internationale
        v kategorii avantgardních děl na mezinárodním filmovém festivalu v Cannes.

1948   Uzavírá sňatek s fotografkou Hellou Heymanovou.

1950   Narodila se mu dcera Julie.

1951   Na objednávku natáčí krátký hraný film Gentleman in Room No. 8 (Pán z pokoje číslo 8).

1952   Narodil se mu syn Tino. Začíná pracovat jako režisér a střihač pro filmové oddělení
        Organizace spojených národů, jehož zaměstnancem zůstává dva roky. Vedoucím
        produkce je zde Ladislav Kolda, ředitelem Thorold Dickinson.

1954   Natáčí pro OSN Workshop for Peace (Dílna míru).

1958   Režíruje pro OSN dva díly čtyřdílného filmu Power among Men (Síla mezi lidmi).

1960   Natáčí Night Journey (Cesta nocí), záznam inscenace tanečního souboru Marthy
        Grahamové. Pro National Educational TV vytváří seriály Pablo Casals Master Class (Mist-
        rovská třída Pabla Casalse) a Jasha Heifetz Master Class (Mistrovská třída Jaši Heifetze).

1961   Maya Derenová nečekaně umírá na mozkovou mrtvici.

1962   Začíná jeho dlouholetá spolupráce s přítelem filmařem Francisem Thompsonem,
        k jehož specializaci patřily multiprojekční filmy určené pro výstavy.

1963   S F. Thompsonem vytváří multiprojekční film To Be Alive! (Žít!), uvedený na světové
výstavě v New Yorku.

1964   S F. Thompsonem natáčí To the Fair! (Pojďme na výstavu!), film o světové výstavě
v New Yorku.

1966   Spolu s F. Thompsonem získává cenu Americké filmové akademie věd a umění (Oscar)
za film To Be Alive! (Žít!). Pro EXPO 67 v Montrealu vytváří s F. Thompsonem film
o Kanadě We Are Young (Jsme mladí), který je promítán na šesti projekčních plátnech.

1967   S F. Thompsonem vytváří multiprojekční film US, předváděný na mezinárodní výstavě
HemisFair v San Antoniu v Texasu (1968).

1972   S F. Thompsonem natáčí film o vzniku města Washingtonu (City Out of Wilderness).

1973   Československý filmový ústav v Praze vydává monografii Jaroslava Brože věnovanou
jeho filmové tvorbě.

1976   Jako střihač se podílí na vzniku filmů F. Thompsona To Fly (Létat) a American Years
(Americké roky), vytvořených systémem IMAX pro velkoplošné plátno. V letech
1976-1986 pracuje celkem na pěti filmech natočených touto technikou.

1979   Prestižní filmová revue Film Culture přináší obsáhlou monografickou studii od americké-
ho historika Thomase A. Valaska. Poprvé je zde doceněn Hackenschmiedův zásadní podíl
na Meshes of the Afternoon i jeho příspěvek k samostatným filmům Mayi Derenové.

1980   Stříhá film The Living Planet (Živá planeta) natočený ve formátu IMAX.

1981   Moravská galerie v Brně organizuje výstavu Česká fotografie 1918-1938, která poprvé
upozorňuje na Hackenschmiedův zásadní přínos české avantgardní fotografii (kurátoři
Antonín Dufek a Jaroslav Anděl).

1986   Při příležitosti nahrávání hudby k filmu On the Wings (Na křídlech) ve formátu IMAX
navštěvuje po sedmačtyřiceti letech svou starou vlast.

1988   Společně s F. Thompsonem odchází do důchodu a jejich firma Francis Thompson Inc.
ukončuje činnost.

1989   Anthology Film Archives v New Yorku uvádějí první retrospektivu jeho filmové tvorby
(kurátorka Catrina Neimanová). Jeho fotografické dílo meziválečné doby je poprvé
obsáhleji představeno na výstavě Aventinské trio (A. Hackenschmied, L. E. Berka,
J. Lehovec), kterou organizuje Moravská galerie v Brně (kurátor Antonín Dufek). Jeho
fotografie a filmy jsou součástí první přehlídky českého moderního umění ve Spoje-
ných státech, již organizuje The Museum of Fine Arts v Houstonu v Texasu (kurátoři
Jaroslav Anděl, Anne Tucker, Alison de Lima Greene, Willis Hartshorn, Ralph McKay).

1997   Česká televize uvádí film Martiny Kudláčkové o Alexandru Hackenschmiedovi s názvem
Bezúčelná procházka - Alexander Hammid, natočený v roce 1996. Moravská galerie
v Brně organizuje jeho samostatnou výstavu (kurátor Antonín Dufek). Pražský galerista
Jiří Jaskmanický vydává portfolio Hackenschmiedových fotografií z let 1939-1948.

1999   V Muzeu jihovýchodní Moravy ve Zlíně se koná výstava jeho fotografií nazvaná
Amerika 1935. Goethe Institut v Bratislavě uvádí výstavu, na níž jsou vedle jeho prací
i fotografie jeho ženy Helly a syna Tina. Béla Balász studio v Budapešti připravuje
zatím nejúplnější filmovou retrospektivu Hackenschmiedovy filmové tvorby.

Solo Exhibitions / Samostatné výstavy

1943   Pasadena Institute of Art
1943   Contemporary Art Gallery, Los Angeles
1997   Anthology Film Archives, New York
1997   Moravská galerie, Brno
1997   The Czech Center, New York
1999   Muzeum jihovýchodní Moravy, Zlín
2000   České centrum fotografie, Praha

Group Exhibitions / Účast na skupinových výstavách

1930   *Nová fotografie*, Aventinská mansarda, Praha
1930   *Internationale Ausstellung Das Lichtbild*, München
1931   *2. výstava nové fotografie*, Aventinská mansarda, Praha
1933   *Výstava sociální fotografie*, Praha; Brno
1933   *2. exposition international de la photographie et du cinéma*, Bruxelles
1936   *Mezinárodní výstava fotografie*, Mánes, Praha
1981-82 *Česká fotografie 1918-1938*, Moravská galerie, Brno
         Uměleckoprůmyslové museum, Praha
1984   *Tschechische Fotografie 1918-1938*, Museum Folkwang, Essen
         Steinerer Haus, Frankfurt am Main
         Museum Moderner Kunst, Wien
1989   *Co je fotografie. 150 let fotografie*, Mánes, Praha
         Aventinské trio, Moravská galerie, Brno
1989-90 *Czech Modernism 1900-1945*, Museum of Fine Arts, Houston
         Brooklyn Museum, International Center of Photography, New York
         Anthology Film Archives, New York
         Akron Art Museum
1990   *Aventinská mansarda. Otakar Štorch-Marien a výtvarné umění*, Galerie hlavního města Prahy,
         Praha
1992   *Československá fotografie v exilu (1939-1989)*, Mánes, Praha
1997   *Aventinské trio*, Fotogalerie U Řečických, Praha
1998-99 *Moderní krása - Česká fotografická avantgarda 1918-1948*
         Museu Nacional d'Art de Catalunya, Barcelona
         Hôtel Sully, Paris
         Musée de l'Elysée, Lausanne
         Galerie hlavního města Prahy
         Die Neue Sammlung. Staatliche Museum für Angewandte Kunst, München
1999   *Alexander Hammid, Hella Heyman Hammid, Tino Hammid*, Goethe Institut, Bratislava

Represented in Galleries / Zastoupení ve sbírkách

České centrum fotografie, Praha
Kabinet Alexandra Hackenschmieda - Muzeum jihovýchodní Moravy, Zlín
Moravská galerie, Brno
Museum Folkwang, Essen
Museum of Modern Art, San Francisco
Uměleckoprůmyslové museum, Praha

Articles (as Author) / Vlastní texty

Fotografie ve Stuttgartě, *Fotografický obzor* 37, 1929, č. 7, s. 115-117.
Film ve Štutgartu, *Studio* 1, 1929, č. 9, s. 286-287.
Stíny, které mluví, *Pestrý týden* 4, 1929, č. 19, s. 9.
Řeč filmu, *Pestrý týden* 4, 1929, č. 33, s. 21.
Avantgardní kino, *Pestrý týden* 5, 1930, č. 2, s. 7.
Propagace filmem, *Pestrý týden* 5, 1930, č. 5, s. 5.
K výstavě nové české fotografie v Aventinské mansardě, *Pestrý týden* 5, 1930, č. 20, s. 12.
Obtíže mluvících filmů, *Pestrý týden* 5, 1930, č. 23, s. 4.
Nezávislý film - světové hnutí, *Studio* 2, 1930-31, č. 3, s. 70-75.
K prvnímu představení filmové avangardy v Praze v kinu Kotva, *Pestrý týden* 5, 1930, č. 47, s. 4.
Avantgarda žije, *Studio* 2, 1930-31, č. 9, s. 274-276.
Přehled filmů 1931, *Pestrý týden* 6, 1931, č. 52, s. 4.
Dokumentární filmy, *Pestrý týden* 7, 1932, č. 5, s. 4.
Dopisy fotoamatérům, *Eva* 4, 1931-32, č. 11, s. 16.
Čím mluví fotografie, *Eva* 4, 1931-32, č. 12, s. 22-23.
Fotograf se dívá na květiny, *Eva* 4, 1931-32, č. 14, s. 4-5.
Film and Music, *Cinema Quarterly* (Edinburgh), 1933, č. 1, s. 152-155.
O filmovém střihu, *Abeceda filmového scénaristy a herce*, Praha, Filmové studio 1935, s. 73-91.
Výtvarnost fotografie, *Typografia* 42, 1935, č. 1, s. 8-10.
Nové cíle - nová technika, *Kino* 1, 1946, č. 22-23.
Zapomenutá vesnice - reportáž o natáčení filmu v Mexiku, *Kino* 2, 1947, č. 16, s. 306-307.
Tentokrát nic o Hollywoodu, *Blok* 1, 1947, č. 9-10, s. 295-300.

Films / Filmy

Films produced in Czechoslovakia / Filmy produkované v Československu

1929	*Erotikon* (set designer and production assistant / architekt, produkční asistent)
1930	*Bezúčelná procházka*
1931	*Ze soboty na neděli* (artistic adviser / umělecký poradce)
1932	*Na Pražském hradě*
1932	*Zem spieva* (editor / střihač)
1934	*Listopad* (cameraman / kameraman)
1934	*Město živé vody*
1934	*Karlovy Vary*
1934	*Jáchymov*
1934	*Jaro v Praze* (cameraman and co-editor / kameraman, spolustřihač)
1937	*Poslední léto* (co-cameraman and co-editor / spolukameraman, spolustřihač)
1937	*Historie fíkového listu* (co-cameraman / spolukameraman)
1937	*Silnice zpívá* (co-cameraman and editor / spolukameraman, střihač)
1937	*Pojďte s námi* (co-cameraman / spolukameraman)
1939	*Přístav v srdci Evropy* (co-cameraman / spolukameraman)
1939	*Dvakrát kaučuk* (co-cameraman / spolukameraman)
1939	*Chudí lidé* (cameraman / kameraman)
1939-40	*Řeka života a smrti* (cameraman / kameraman)
1939-40	*Vzpomínka na ráj* (cameraman / kameraman)

Films with Herbert Kline / Filmy s Herbertem Klinem

1938	*Crisis* (co-director and cameraman / spolurežisér, kameraman)
1939	*Lights Out in Europe* (co-director, cameraman, and editor / spolurežisér, kameraman, střihač)
1940	*The Forgotten Village* (co-director, cameraman, and editor / spolurežisér, kameraman, střihač)

Films with Maya Deren / Filmy s Mayou Derenovou

1943	*Meshes of the Afternoon* (co-director, cameraman and editor / spolurežisér, kameraman, střihač)
1944	*At Land* (co-cameraman and co-editor / spolukameraman, spolustřihač)
1945	*A Study in Choreography for Camera* (co-cameraman and co-editor / spolukameraman, spolustřihač)
1945-46	*Ritual in Transfigured Time* (co-cameraman and co-editor / spolukameraman, spolustřihač)

Films with the US Office of War Information / Filmy s Americkým úřadem pro válečné informace

1945   *Valley of the Tenessee* (director and editor / režisér, střihač)
1944   *Toscanini: Hymn of the Nations* (director, co-cameraman, and editor / režisér, spolukameraman, střihač)
1945   *A Better Tomorrow* (director and editor / režisér, střihač)
1945   *Library of Congress* (director and editor / režisér, střihač)

Films with associate producers / Filmy s přidruženými producenty

1947   *Georgia O'Keefe* (editor / střihač)
1948   *The Photographer* (editor / střihač)
1948   *Princeton* (director and editor / režisér, střihač)
1949   *Marriage for Moderns*
1950   *Angry Boy*
1950   *Dmitri Mitropoulos*

Films for the United Nations / Filmy pro Spojené národy

1954   *Workshop for Peace* (director and editor / režisér, střihač)
1958   *Power among Men* (director of two parts of a four-part film and editor of all four parts / režisér dvou ze čtyř částí filmu, střihač celého filmu)

Independent films / Filmy vyrobené nezávisle

1945   *The Private Life of a Cat*
1950   *Of Men and Music* (director of one part of a four-part film / režisér jedné ze čtyř částí filmu)
1950   *The Medium* (co-director and editor / spolurežisér, střihač)
1951   *Gentleman in Room No. 8*
1954   *Shrimp Fishermen* (director and editor / režisér, střihač)
1954   *Conversation with Arnold Toynbee*
1955   *Operation Hour-Glass*
1956   *Kid Brother*
1957   *Israel, an Adventure* (director, cameraman, and co-editor / režisér, kameraman, spolustřihač)
1960   *Night Journey* (director and cameraman / režisér, kameraman)
1960   *Pablo Casals Master Class* (director and cameraman / režisér, kameraman)
1961   *Family Centered Maternity Care*
1961   *Collage*
1961   *River Music*
1962   *Jascha Heifetz Master Class* (director and cameraman / režisér, kameraman)

Films with Francis Thompson / Filmy s Francisem Thompsonem

1962	*To Be Alive!* (co-director and cameraman / spolurežisér, kameraman)
1964	*To the Fair!* (co-director and cameraman / spolurežisér, kameraman)
1967	*We Are Young* (co-director and cameraman / spolurežisér, kameraman)
1968	*US* (co-director and co-cameraman / spolurežisér, spolukameraman)
1972	*City Out of Wilderness* (cameraman and editor / kameraman, střihač)
1973	*Portrait of a Railroad* (editor / střihač)
1976	*American Years* (editor / střihač)
1976	*To Fly* (editor / střihač)
1981	*The Living Planet* (editor / střihač)
1984	*The Gift of Knowledge* (editor / střihač)
1984	*Music for the Eyes* (editor / střihač)
1984	*Energy! Energy!* (editor / střihač)
1986	*On the Wings* (editor / střihač)

Bibliography / Literatura

Books / Knihy

Smrž, Karel: *Dějiny filmu*, Praha, Družstevní práce 1933.

Steinbeck, John: *The Forgotten Village*, New York, Viking Press 1941.

Deren, Maya: *An Anagram of Ideas on Art, Form and Film*, New York, The Alicat Book Shop Press 1945.

Thompson, Francis, Alexander Hammid et al.: *To Be Alive!*, New York, Macmillan 1966.

Brož, Jaroslav & Frýda, Myrtil: *Dějiny českého filmu v obrazech 1930-1945*, Praha, Orbis 1966.

Navrátil, Antonín: *Cesty k pravdě či lži. 70 let českého dokumentárního filmu*, Praha, Český filmový ústav 1968.

Levin, G. Roy: *Documentary Explorations: 15 Interviews with Film-Makers*, New York, Doubleday 1971.

Barsam, Richard M.: *Non-Fiction Film: A Critical History*, New York, E. P. Dutton 1973.

Brož, Jaroslav: *Alexander Hackenschmied*, Praha, Československý filmový ústav 1973.

Sitney, P. Adams: *Visionary Film: The American Avant-Garde*, Oxford-New York, Oxford University Press 1974.

Anděl, Jaroslav: *Češka filmska teorija 1907-1937*, Bělehrad, Filmske sveske 1983.

The Legend of Maya Deren: Chambers (1942-1947). Ed. by Catrina Neiman, New York, Anthology Film Archives 1988.

Mrázková, Daniela & Remeš, Vladimír: *Cesty československé fotografie*, Praha, Mladá fronta 1989.

Encyklopedie českých a slovenských fotografů, Praha, Asco 1993.

Nová encyklopedie českého výtvarného umění, Praha, Academia 1995.

Dějiny českého výtvarného umění IV (1890-1938), Praha, Academia 1998.

Inverted Odysseys. Claude Cahun, Maya Deren, Cindy Sherman. Ed. Rice Shelley, Grey Art Gallery, New York University; Museum of Contemporary Art, North Miami; Cambridge, Mass., M.I.T. 1999.

Exhibition Catalogues / Katalogy výstav

Film und Foto. Eine Betrachtung der Internationale Werkbundausstellung "Film und Foto" 1929. Ed. Ute Eskildsen & Jan Christoph Horak, Stuttgart, Württembergische Kunstverien 1979.

Česká fotografie 1918-1938. Ed. Antonín Dufek & Jaroslav Anděl, Brno, Moravská galerie 1981.

Česká fotografie 1918-1938. Ed. Antonín Dufek, Praha, Uměleckoprůmyslové museum 1982.

Tschechische Fotografie 1918-1938. Ed. Antonín Dufek & Ute Eskildsen, Essen, Museum Folkwang 1984.

Czech Modernism 1900-1945. Ed. Jaroslav Andel & Anne W. Tucker, Houston, The Houston Museum of Fine Arts 1989.

Dufek, Antonín: *Aventinské trio*, Brno, Moravská galerie 1989.

Aventinská mansarda. Ed. Karel Srp, Praha, Galerie hlavního města Prahy 1990.

Fárová, Anna: *Československá fotografie v exilu (1939-1989),* Praha, Asociace fotografů 1992.

Die blaue Vier, Feiniger, Jawlensky, Kandinsky, Klee in der neuen Welt. Ed. Vivien Endicott Barnett & Josef Helfenstein, Düsseldorf, Kunstmuseum Bern und Kunstsammlung Nordheim-Westfalen 1997.

Česká fotografická avantgarda 1918-1948. Ed. Vladimír Birgus, Praha, Kant 1999.

Fotografové - Photographers. Ed. Pavel Vančát, Praha, České centrum fotografie 1999.

Articles / Články

Santar, Karel: Prague Castle and Other Czech Shorts, *Close Up,* 1933, č. 1 (červen), s. 125-127.

Deren, Maya: Creative Cutting, Part I and II, *Movie Makers,* 1947 (květen a červen), s. 125-127.

Deren, Maya: Notes, Essays, Letters, *Film Culture,* 1965, č. 39 (zima), s. 1-38.

Valasek, Thomas E.: Alexander Hammid: A Survey of His Film-Making Career, *Film Culture,* 1979, č. 67-68-69, s. 250-322.

Moucha, Josef: Film a fotografie mezi válkami, *Film a doba* 27, 1981, č. 11, s. 649-650.

Anděl, Jaroslav: Česká filmová avantgarda, *Program Pražského filmového klubu,* Praha, Filmový podnik, leden 1982.

Ulver, Stanislav: Studie o významném dokumentaristovi, *Film a doba* 29, 1983, č. 5, s. 285-286.

Navrátil, Antonín: Alexandr Hackenschmied byl v Praze, *Záběr* 19, 1986, č. 11, s. 8.

Lehovec Jiří: Alexandr Hackenschmied (Alexander Hammid), *Revue K,* podzim-zima 1990-91, č. 40-41, nestránkováno.

Mrázková, Daniela: Jeden z tria - Alex Hammid, *Československá fotografie* 41, 1990, č. 2, s. 84-88.

Dufek, Antonín: Otakar Štorch-Marien & fotografie, *Aventinská mansarda.* Ed. Karel Srp, Praha, Galerie hlavního města Prahy 1990.

Moucha, Josef: Celuloidová paměť kamery, *Ateliér* 8, 1995, č. 25, s. 7.

Poláčková, Eva: Čím je pro vás váš byt? Ptáme se Alexandra Hammida, průkopníka avantgardního filmu, *Domov* 35, 1995, č. 9, s. 50-51.

Moucha, Josef: Aventinské trio, *Ateliér* 10, 1997, č. 10, s. 7.

Chuchma, Josef: Aventinské trio nezkamenělo, *Literární noviny* 8, 1997, č. 17, s. 14.

Cieslar, Jiří: Bezúčelná procházka, *Literární noviny* 8, 1997, č. 44, s. 15.

Moucha, Josef: Signály času, *Literární noviny* 9, 1998, č. 7, s. 14.

Moucha, Josef: Muž, který se nejraději vyjadřuje obrazy, *Mladá fronta Dnes* 10, 1999, č. 130, 5. 6., s. 19.

Moucha, Josef: The Man Preferring to Express himself in Pictures, *Imago,* 1999, č. 8 (léto), s. 59-60.

Kosková, Petra & Bilík, Petr: Alexander Hammid - nestor nezávislého filmového umění, *Host* 16, 2000, č. 4, s. 43-45.

List of Published Photographs

p. 2	Alexandr Hackenschmied, c. 1942-43. Photo Maya Deren.
1-15	Aimless Walk, 1930 (single film frame enlargements, J. Anděl)
16	Praha, c. 1928 (copy print, A. Hammid)
17	Praha, c. 1929 (copy print, A. Hammid)
18	Praha, c. 1929 (copy print, A. Hammid)
19	Praha, c. 1929 (rotogravure, *Pestrý týden*, 1930. Vol. 5, no. 20, p. 12)
20	Praha, c. 1929 (copy print, A. Hammid)
21	Self-Portrait, c. 1930 (vintage print, J. Jaskmanický)
22	Self-Portrait, c. 1930 (vintage print, J. Jaskmanický)
23	Study of a Window, 1933 (rotogravure, *Pestrý týden*, 1933. Vol. 8, no. 30, p. 11)
24	Untitled, 1931 (photogravure, *Československá fotografie*, 1931, p. 59)
25	Untitled, 1930 (photogravure, *Pestrý týden*, 1933. Vol. 8, no. 26, p. 1)
26	Untitled, 1930 (photogravure, *Fotografický obzor*, 1930. Vol. 38, after p. 150)
27	Untitled, 1930 (rotogravure, *Pestrý týden*, 1930. Vol. 5, no. 36, p. 22)
28	Untitled, 1930 (rotogravure, *Pestrý týden*, 1930. Vol. 5, no. 44, p. 19)
29	Untitled, 1932 (rotogravure, *Pestrý týden*, 1932. Vol. 8, no. 1, p. 23)
30	Advertising photography, 1930 (photogravure, *Fotografický obzor*, 1931. Vol. 39, after p. 10)
31-37	Prague Castle, 1932 (single film frame enlargements, J. Anděl)
38-43	The Higway Sings, 1937 (single film frame enlargements, J. Anděl)
44-49	From a Trip to the USA, 1936 (modern print, Kabinet A. Hackenschmieda)
50-51	From a Trip to India, 1937 (vintage print, J. Anděl)
53-58	River of Life and Death, 1937, 1939-40 (single film frame enlargements, J. Anděl)
59-65	Crisis, 1938 (single film frame enlargements, J. Anděl)
66	Paris, 1939 (modern print, Torst)
67	Paris, 1939 (vintage print, J. Jaskmanický)
68	Paris, 1939 (modern print, J. Jaskmanický)
69	Orléans, 1939 (modern print, Torst)
70	Untitled, c. 1938 (modern print, Torst)
71	Paris, 1939 (modern print, J. Jaskmanický)
72	Rita, 1942-43 (modern print, J. Jaskmanický)
73	Maya, 1942-43 (modern print, Torst)
74	Maya, 1942-43 (modern print, Torst)
75	Maya, 1942-43 (modern print, Torst)
76	At Galka Scheyer's, 1942-43 (modern print, Torst)
77	Galka Scheyer, 1942-43 (modern print, Torst)
78-79	Untitled, 1942-43 (halftone, *The Legend of Maya Deren: Chambers /1942-1947/*, New York, Anthology Film Archives 1988, pp. 60-61)
80	Maya, 1942-43 (modern print, Torst)
81	Maya, 1942-43 (modern print, Torst)

82   Maya, 1947 (modern print, Torst)
83   Maya, 1944 (modern print, Torst)
84   Maya, 1943 (modern print, Torst)
85-99   Meshes of the Afternoon, 1943 (digital film frame enlargements, A. Hammid)

Soupis publikovaných fotografií

s. 2   Alexandr Hackenschmied, c. 1942-43. Foto Maya Derenová.
1-15   Bezúčelná procházka, 1930 (zvětšeniny z filmových políček, J. Anděl)
16   Praha, c. 1928 (fotografická reprodukce, A. Hammid)
17   Praha, c. 1929 (fotografická reprodukce, A. Hammid)
18   Praha, c. 1929 (fotografická reprodukce, A. Hammid)
19   Praha, c. 1929 (rotační hlubotisk, *Pestrý týden* 5, 1930, č. 20., s. 12)
20   Praha, c. 1929 (fotografická reprodukce, A. Hammid)
21   Autoportrét, c. 1930 (původní zvětšenina, J. Jaskmanický)
22   Autoportrét, c. 1930 (původní zvětšenina, J. Jaskmanický)
23   Studie okna, 1933 (rotační hlubotisk, *Pestrý týden* 8, 1933, č. 30., s. 11)
24   Bez názvu, 1931 (hlubotisk, *Československá fotografie*, 1931, s. 59)
25   Bez názvu, 1930 (hlubotisk, *Pestrý týden* 8, 1933, č. 26., s. 1)
26   Bez názvu, 1930 (hlubotisk, *Fotografický obzor* 38, 1930, za s. 150)
27   Bez názvu, 1930 (rotační hlubotisk, *Pestrý týden* 5, 1930, č. 36., s. 22)
28   Bez názvu, 1930 (rotační hlubotisk, *Pestrý týden* 5, 1930, č. 44., s. 19)
29   Bez názvu, 1932 (rotační hlubotisk, *Pestrý týden* 8, 1932, č. 1., s. 23)
30   Reklamní fotografie, 1930 (hlubotisk, *Fotografický obzor* 39, 1931, za s. 10)
31-37   Na Pražském hradě, 1932 (zvětšeniny z filmových políček, J. Anděl)
38-43   Silnice zpívá, 1937 (zvětšeniny z filmových políček, J. Anděl)
44-49   Z cesty do USA, 1936 (nová zvětšenina, Kabinet A. Hackenschmieda)
50-51   Z cesty do Indie, 1937 (původní zvětšenina, J. Anděl)
53-58   Řeka života a smrti, 1937, 1939-40 (zvětšeniny z filmových políček, J. Anděl)
59-65   Krize, 1938 (zvětšeniny z filmových políček, J. Anděl)
66   Paříž, 1939 (nová zvětšenina, Torst)
67   Paříž, 1939 (původní zvětšenina, J. Jaskmanický)
68   Paříž, 1939 (nová zvětšenina, J. Jaskmanický)
69   Orléans, 1939 (nová zvětšenina, Torst)
70   Bez názvu, c. 1938 (nová zvětšenina, Torst)
71   Paříž, 1939 (nová zvětšenina, Torst)
72   Rita, 1942-43 (nová zvětšenina, J. Jaskmanický)
73   Maya, 1942-43 (nová zvětšenina, Torst)
74   Maya, 1942-43 (nová zvětšenina, Torst)
75   Maya, 1942-43 (nová zvětšenina, Torst)
76   U Galky Scheyerové, 1942-43 (nová zvětšenina, Torst)

77   Galka Scheyerová, 1942-43 (nová zvětšenina, Torst)
78-79   Bez názvu, 1942-43 (knihtisk, *The Legend of Maya Deren: Chambers /1942-1947/*,
          New York, Anthology Film Archives 1988, s. 60-61)
80   Maya, 1942-43 (nová zvětšenina, Torst)
81   Maya, 1942-43 (nová zvětšenina, Torst)
82   Maya, 1947 (nová zvětšenina, Torst)
83   Maya, 1944 (nová zvětšenina, Torst)
84   Maya, 1943 (nová zvětšenina, Torst)
85-99   Meshes of the Afternoon, 1943 (digitální zvětšeniny z filmových políček, A. Hammid)

Alexandr **Hackenschmied**

by Jaroslav Anděl
Translation: Derek Paton
Graphic design: Najbrt & Lev, Prague
Lithography: FPS Repro; Amos, Prague
Printed by Protisk České Budějovice
Copy editors: Jan Šulc and Jan Zelenka
Published by TORST
Address: Opatovická 24, Prague 1,
CZ-110 00, Czech Republic
torst@comp.cz
First edition, 2000

Available through D.A.P./Distributed Art Publisher
155 Sixth Avenue, 2nd Floor, New York, N.Y. 10013
Tel: (212) 627-1999 Fax: (212) 6227-9484